ACCESO GRATIS a la Lectura en la Nube

Para visualizar el libro electrónico en la nube de lectura envíe junto a su nombre y apellidos una fotografía del código de barras situado en la contraportada del libro y otra del ticket de compra a la dirección:

ebooktirant@tirant.com

En un máximo de 72 horas laborales le enviaremos el código de acceso con sus instrucciones.

La visualización del libro en **NUBE DE LECTURA** excluye los usos bibliotecarios y públicos que puedan poner el archivo electrónico a disposición de una comunidad de lectores. Se permite tan solo un uso individual y privado

DESPLAZAMIENTO FORZADO INTERNO EN MÉXICO

DESPLAZAMIENTO FORZADO INTERNO EN MÉXICO

GUADALUPE FRINÉ LUCHO GONZÁLEZ
FRANCISCO DE JESÚS CEPEDA RINCÓN
(Coordinadores)

tirant lo blanch
Ciudad de México, 2024

En caso de erratas y actualizaciones, la Editorial Tirant lo Blanch México publicará la pertinente corrección en la página web www.tirant.com/mex/

Este libro será publicado y distribuido internacionalmente en todos los países donde la Editorial Tirant lo Blanch esté presente.

© EDITA: TIRANT LO BLANCH
DISTRIBUYE: TIRANT LO BLANCH MÉXICO
Av. Tamaulipas 150, Oficina 502
Hipódromo, Cuauhtémoc
CP 06100, Ciudad de México
Telf: +52 1 55 65502317
infomex@tirant.com
www.tirant.com/mex/
www.tirant.es
ISBN: 978-84-1197-856-9
ISBN UAS: 978-607-737-444-2
MAQUETA: Disset Ediciones

Si tiene alguna queja o sugerencia, envíenos un mail a: *atencioncliente@tirant.com*. En caso de no ser atendida su sugerencia, por favor, lea en *www.tirant.net/index.php/empresa/politicas-de-empresa* nuestro procedimiento de quejas.

Responsabilidad Social Corporativa: http://www.tirant.net/Docs/RSCTirant.pdf

Índice

Introducción[1]

Los flujos migratorios están en constante cambio debido a que los factores que subsisten son múltiples y variados. Los primeros se ven alimentados constantemente por el ir y venir no solo de las personas que se unen a ellos, sino por fenómenos y conflictos sociales, políticos y económicos que obligan a las personas a abandonar sus lugares de origen y desplazarse con el fin de preservar su vida o mejorar la calidad de la misma.

Pese a que el fenómeno del desplazamiento forzado interno (DFI) ha estado presente en la historia mexicana durante generaciones, no fue hasta hace bien poco que este fenómeno comenzó a ser parte de la agenda pública, lo que logró que distintos actores tuvieran que comenzar a prestar atención a los hechos que muchas veces pasaban desapercibidos, y es que a diferencia de los fenómenos de movilidad como la migración internacional o el retorno migratorio, una de las características que posee el DFI es que, en muchos de los casos, no existe un traspaso de las fronteras internacionales, por lo que el desplazamiento de las personas se da en su propio país, lo que hace que el rastreo de los movimientos en el mismo sea complicado.

Este libro representa un esfuerzo dentro del proyecto «319127 cultura, narcotráfico, violencias y juvenicidios en Sinaloa. Análisis para su comprensión, incidencia y transformación» para ahondar en el fenómeno del DFI en México, y en el mismo se hacen abordamientos conceptuales, epistemológicos y estudios de caso que permiten acercarnos al conocimiento del complejo fenómeno en el que nos encontramos y que deberá ser analizado en los próximos años, pues representa no solo un fenómeno

---

1 Este libro fue apoyado por Conahcyt en 2022 en el proyecto «319127 cultura, narcotráfico, violencias y juvenicidios en Sinaloa. Análisis para su comprensión, incidencia y transformación» dentro de los programas nacionales estratégicos.

histórico, sino un reto que se deberá de afrontar en el país debido al recrudecimiento del mismo.

En el capítulo 1, denominado «Desplazamiento forzado: un análisis filosófico», Víctor M. Hernández Márquez realiza una categorización del desplazamiento forzado proponiendo un andamiaje conceptual y epistemológico que permita al lector acercarse al fenómeno con claridad, buscando con ello dotarlo de herramientas que le permitan comprender la complejidad del fenómeno del DFI.

En el capítulo 2 «Necropolítica mexicana e imaginarios territoriales en la guerra contra el narcotráfico», Ramón Ramírez Ibarra realiza un análisis desde la necropolítica y su instrumentalización en México, de modo que nos lleva a considerar esta categoría como una de las principales a partir de las cuales debemos de entender los fenómenos violentos en el país, que se entretejen también bajo el fenómeno del DFI.

Prueba de ello, encontraremos en el capítulo 3 «Destino cruel, masacres y desplazamiento forzado en San Ignacio, Sinaloa», de Juan Carlos Ayala Barrón, una crónica y análisis de caso de una de las comunidades serranas de Sinaloa que se ha visto azotada por el desplazamiento forzado de sus pobladores debido a la violencia criminal que impera en la zona.

En el capítulo 4, «Aproximación a la circunstancialidad del régimen de violencia en Zacatecas», Gibrán Ramírez Reyes nos presenta un estudio de caso en Zacatecas, donde el fenómeno del DFI se ve entrelazado a la desaparición forzada y al régimen de violencia y la economía extractivista que se presentan en este estado de México.

En el capítulo 5, «Los campamentos de mexicanos desplazados en Ciudad Juárez», *2019* de Héctor Padilla Delgado, analiza el fenómeno de DFI hacia Ciudad Juárez, situación que llenó los albergues de esta ciudad fronteriza de mexicanos que buscan asilo en Estados Unidos de América y que representa un fuerte cambio en los flujos migratorios en este lugar.

Por último, en el capítulo 6, «Desplazamiento forzado interno en Nuevo León», Francisco de Jesús Cepeda Rincón y su servidora analizamos el caso del área metropolitana de Monterrey, donde esta se ha convertido como otra comunidad receptora de personas desplazadas, bajo una situación que dista de la de Ciudad Juárez, pero que, no por ello, deja de representar uno de los tantos panoramas del fenómeno de DFI en México y sus complejidades.

Esperamos que el libro sea de utilidad para aquellos que se encuentran estudiando el tema, esperando con ello que este se vea como medular, ya que es necesario tener en consideración al estudiar los fenómenos de movilidad humana que se presentan en el territorio mexicano y sus fronteras.

GUADALUPE FRINÉ LUCHO GONZÁLEZ

Desplazamiento forzado: un análisis filosófico

VÍCTOR M. HERNÁNDEZ MÁRQUEZ[1]

I. INTRODUCCIÓN

Entre los fenómenos sociales anómicos, sobre los cuales se cierne la atención creciente de los medios de comunicación y, por extensión, de la academia, se encuentra lo que se ha denominado «desplazamiento forzado». Por lo regular, este tipo de fenómenos sociales se asocia a eventos catastróficos, naturales no humanos y humanos, tales como sequías extremas, erupciones volcánicas, terremotos, guerras civiles y enfrentamientos interestatales, incendios forestales, etcétera; y, por consiguiente, se consideran como consecuencias no deseadas de acontecimientos «inevitables», incluso cuando se trata de sucesos naturales humanos tales como las guerras civiles y los conflictos bélicos entre estados nacionales. Ante estas dos últimas clases de fenómenos tanto la ciencia social como la filosofía política carecen de elementos explicativos generales adecuados, y más aún, de tecnologías en principio viables para su aplicación y, por consiguiente, se «limitan» al levantamiento de datos y testimonios en el caso de la Ciencia Social, o bien a la teorización *ad hoc*, en Filosofía política, sobre las relaciones entre los individuos y el Estado, o sobre la constitución de organismos supranacionales

---

1 Es profesor de la Universidad Autónoma de Ciudad Juárez, miembro del NAB de los programas de doctorado en Ciencias Sociales y Filosofía (con acentuación en hermenéutica y estudios socioculturales) en los departamentos de Ciencias Sociales y Humanidades y coordinador del CA 87 Estudios Filosóficos. Miembro del Sistema Nacional de Investigadores nivel I.

capaces de regular e intervenir entre naciones en conflicto, y cuya materialización, indirecta como decepcionante, es la Organización de las Naciones Unidas.

Es preciso añadir de inmediato que las indicadas limitaciones de la Ciencia Social no deben entenderse como una subestimación de esa labor ni una falta de reconocimiento de los peligros que en no pocas ocasiones enfrentan quienes realizan la recolección de datos. Todo lo contrario, las Ciencias Sociales se ven involucradas en profundos problemas de orden metodológico, epistemológico y ético en relación con la obtención de esa clase de datos, los cuales, vale la pena añadir, suelen pasar desapercibidos en los libros de texto o son obscurecidos por las estériles e interminables discusiones que aún prevalecen entre los proponentes intransigentes de la metodología cuantitativa y los defensores de las técnicas cualitativas. Pero al margen de tales inconvenientes, existen varios factores inherentes a la problemática que impiden el levantamiento de datos fiables, así como otros problemas emergentes relacionados con la implementación de nuevas técnicas y tecnologías para la realización de dicha tarea.[2]

Desafortunadamente, existe una abundante gama de casos bien documentados de tales problemas en casi todos los rincones del planeta. En nuestro continente existen focos rojos en el Caribe y desde décadas Colombia figura como el país en donde, de manera persistente, se presenta esta clase de migración forzada y, por consiguiente, se llevan años por delante en la documentación e intervención por parte de diversos organismos nacionales e internacionales y cuyos problemas en la recolección de datos lo documentan de forma clara y continua la Red de Banco de Datos de Violencia Política por medio de sus informes y, en particular, en la elaboración del marco conceptual sobre el cual se categori-

2 Macleod, Ewen, «Datos y pruebas sobre desplazamiento forzado: reflexiones sobre los avances y los retos», en *Revista Migraciones Forzadas*, 66, 2021, pp. 42-46.

zan las diversas violaciones a los derechos humanos que padece el mencionado país. No solo existen diversas dificultades para adaptar la terrible realidad colombiana a las categorías existentes en los marcos de los organismos internacionales, sino que también estos últimos no se hayan exentos de incurrir en ambigüedad categoriales.

De hecho, como puede apreciarse en la actualización de los datos, estos fenómenos se encuentran sujetos a continuas recategorizaciones con el propósito de ajustarlos a los marcos normativos internacionales, ya que cumplen un objetivo claro y específico: esto es, con miras a ser debidamente denunciados ante los organismos internacionales de Derechos Humanos y contribuir a cerrar la amplia brecha de impunidad. Por ejemplo, en el citado marco conceptual, el desplazamiento forzado se caracteriza en términos de su extensión conceptual sin atender, de manera explícita, a su extensión territorial, si bien se establece que:

> Se entiende por desplazamiento forzado colectivo, aquella migración a la que se ve forzado un colectivo humano, dentro del territorio nacional o hacia las zonas de frontera, abandonado su lugar de residencia y sus actividades económicas habituales, porque sus vidas, integridad física o libertad han sido vulneradas o se encuentran amenazadas por causa y con ocasión del conflicto armado interno o por las violaciones masivas de los Derechos Humanos.[3]

Por consiguiente, cumplen una función para la intervención social, al menos en los casos considerados, y no con el objetivo expreso para la elaboración de un esquema analítico para la comprensión de esa clase de fenómenos. Desde luego, no existe impedimento alguno para que dichas categorizaciones puedan incorporarse dentro de un marco teórico y de hecho es deseable que su utilización en este dominio contribuya en una

---

[3] El Centro de Investigación y Educación Popular (CINEP) y el Programa por la Paz (PPP) publican la revista *Noche y Niebla* donde aparece, en 2016, en forma de cuadernillo, el marco conceptual de la base de datos, la cita corresponde a la página 22 y reaparece en la página 29.

visión sistémica amplia.[4] En lo que sigue intentaré un análisis multidimensional del desplazamiento forzado que, en principio, pueda servir de base para una futura teoría de la movilidad social que rinda cuenta de estos fenómenos sociales de forma universal; sin embargo, dicho análisis en realidad tiene como objeto llamar la atención sobre un tipo particular de desplazamiento forzado, no del todo presente y escasamente descrito en la literatura, a pesar de encontrarse ligado a formas de extractivismo de los recursos naturales en los países subdesarrollados, a menudo ricos en dichos recursos, pero débiles como sistemas democráticos y, por consiguiente, con claras tendencias a la violación de los derechos humanos. En consecuencia, el trabajo trasciende la esfera propiamente sociológica para situarse en una perspectiva propia de la filosofía política que trasgrede el dominio disciplinar autoimpuesto y circunscrito dentro al ámbito nacional o estatal.

II. CATEGORIZACIÓN

En la problemática metodológica y epistemológica sobre la teoría social se discute a menudo por las técnicas que se deben emplear para el levantamiento de datos o para la corroboración de las hipótesis planteadas sobre el comportamiento de ciertos fenómenos sociales, pero se detiene poco o nada sobre la elaboración del andamiaje conceptual sobre el cual se habrán de llevar a cabo dichas técnicas; las más de las veces bajo el supuesto que el trabajo empírico antecede a toda elaboración teórica, la cual se piensa como una tarea que solo empieza una vez que se han

---

4 Llama la atención, sin embargo, el comentario inicial en la presentación del citado cuadernillo en relación con el lenguaje descriptivo del enfoque sociológico utilizado al inicio de la recolección: «[…] nuestro primer marco conceptual, elaborado en 1995, marcó una nueva etapa respecto a nuestro lenguaje anterior más tributario del lenguaje coloquial en el que se expresaba la lectura sociológica de nuestra violencia».

lanzado las redes a la realidad social y se recogen sus resultados. Sin embargo, esa red es, en sí misma, una red conceptual de cuyas categorías depende mucho si logran atraer lo justo y necesario, o bien traen consigo demasiadas cosas que luego habrá necesidad de diferenciar, o bien, traerá demasiado poco para ser de alguna utilidad.

En dos ensayos previos[5] he discurrido sobre algunas de las características del análisis que considero adecuado asumir como parte de una teoría sobre la movilidad social, así como algunas consideraciones propias de la filosofía política que se relacionan con dicho análisis y ofrece una interpretación incómoda para la manera usual de entender esos fenómenos. Resumiré los aspectos relevantes para esta nueva tarea y las ampliaré en la medida que el espacio lo permita y el hilo de la trama no se pierda.

El primer aspecto básico es de carácter antropológico y tiene como propósito superar lo que cabría llamar el *mito sedentarista.* De acuerdo con este mito, los seres humanos, una vez superada la condición originaria como cazadores-recolectores, se volvieron irreversiblemente sedentarios. Esta percepción compartida por el lego recibió respaldo científico debido a la tesis sobre la revolución neolítica planteada a mediados del siglo pasado, a pesar de ser puesta en cuestión tan pronto como fue planteada y difundida para el gran público. Desde luego, la aceptación y permanencia generalizada de este mito parece recibir apoyo adicional en el sentido común, a pesar de los innumerables contraejemplos que se pueden esgrimir o están a la vista en las historias familiares. La explicación de semejante situación se asemeja

5 Hernández Márquez, Víctor M., «Migrantes, refugiados y derechos humanos: una mirada desde la filosofía política», en *Migrantes, refugiados y derechos humanos,* F. de Jesús Cepeda y G. Friné Lucho coords., México, Tirant lo Blanch, 2019, pp. 27-46. y «Migrantes, refugiados y derechos humanos: réplicas y reconsideraciones», en *Migrantes, refugiados y derechos humanos. Tomo II,* F. de Jesús Cepeda y G. Friné Lucho coords., México: Tirant lo Blanch, 2023.

a otras tantas en las cuales la percepción social se ubica fuera de los datos observados por los registros oficiales o la investigación social. En lo particular puede presumirse un factor sociológico manifiesto en la forma como se categoriza la movilidad social, de tal suerte que el término usual para designar la movilidad geográfica se ha visto saturada de connotaciones negativas cuando no plenamente estigmatizada, como es el caso de los verbos *inmigrar* y *migrar,* con sus respectivos derivados. Tal es así que la movilidad «digital» (propia de los trabajadores deslocalizados que trabajan por medio de la red digital), que se disparó durante la pandemia -debido al virus SarsCoV-2- hacia metrópolis o ciudades «amigables», no se categoriza como *inmigración* o *migración* digital, sino que se les refiere como «nómadas» digitales. En sus usos ordinarios más frecuentes, los dos primeros términos carecen de connotación negativa alguna, y solo con el segundo verbo, la cuarta acepción se define como «desplazamiento geográfico de individuos o grupos, generalmente por causas económicas o sociales».[6]

Este último sentido es el que usualmente se emplea en las Ciencias Sociales para designar lo que los institutos o departamentos de inmigración de los Estados nacionales califican como inmigración o migración *ilegal,* «no autorizada» o *indocumentada*; y en la medida que este tipo de migración se hace socialmente visible por medio de los medios de comunicación y es objeto de políticas de contención, acuerdos entre países, y se hace uso político de dichos movimientos, se incurre en innumerables casos de violación de los derechos humanos y, por consiguiente, desencadena la intervención de organismos humanitarios de toda índole. La prominencia de este tipo de movilidad social ha traído consigo una falta de atención hacia otros tipos de movilidad, de tal suerte que se produce un efecto figurativo sinécdoque en tanto se toma una parte (de la movilidad) por el todo. De allí

6 En el caso de inmigrar solo se consignan dos significados, ninguno de los cuales se aproxima a la cuarta acepción citada. Todo lo anterior según la vigésima segunda edición del diccionario de la RAE.

que cuando se habla del «problema migratorio» queda sobreentendido que se trata de la llamada migración «no autorizada», y así es como ambos términos han recibido por contagio figurativo su connotación negativa.

Como ya he pontificado lo suficiente sobre el estatus insatisfactorio de la inmigración categorizada en términos económicos, no me detendré en repetir las razones de su inadecuación, de modo que solo me contentaré con indicar que aducir causas económicas es, por un lado, abrir demasiado el saco de la categoría; y, por el otro lado, cerrar demasiado su entrada. Lo mismo aplica cuando se invocan las causas sociales, incluso con mayor profusión, ya que el vocablo incluye como subcategoría el factor económico, puesto que la determinante económica es una de las tantas determinaciones sociales, no siendo el caso en relación inversa. Por lo demás, los demógrafos y otros investigadores sociales suelen entender las causas económicas y sociales en relación con la migración como excluyentes entre sí, atribuyendo a las primeras una dimensión voluntarista, una racionalidad o agencia, mientras que las segundas aluden a una acción involuntaria, puesto que con su uso se pretende introducir una diferenciación entre quienes emigran de manera «no-autorizada» y los refugiados o quienes buscan asilo. Sin embargo, la distinción es inadecuada por varias razones, entre las cuales sobresale la falta de correspondencia entre los rasgos subjetivos de dichas causas y sus rasgos objetivos. Los investigadores sociales suelen minimizar los huecos lógicos de su distinción apelando a una intuitiva claridad en su uso. Veamos ahora si es posible sostener dicha claridad entre aquellos casos que se subsumen dentro de las causas sociales de los refugiados.

III. DESPLAZAMIENTO FORZADO

Si bien, como se ha mencionado al inicio, el desplazamiento forzado obedece a factores naturales no-humanos como humanos, existe la tendencia a reducirlos a sus causas sociales. Así, por ejemplo, Poston[7] resume la movilidad de refugiados y buscadores de asilo como aquella migración involuntaria que tiene como sus causas la persecución, la violencia y la precariedad extrema. No obstante, la última causa resulta demasiado problemática puesto que tiende a empalmarse o confundirse con la mal llamada *migración económica,* la cual se asume en principio como voluntaria. Además, se ha argumentado con plena razón que la pobreza extrema no es condición necesaria y suficiente para el desplazamiento forzado, pues de ser el caso, se observarían flujos migratorios a gran escala a lo largo y ancho del planeta.

Esto es parcialmente cierto con respecto a la llamada *diáspora verde* que inicia en la primera mitad del siglo XIX y se extiende hasta inicio de la Gran Guerra; pero solo parcialmente, puesto que la gran hambruna registrada a mediados del siglo XIX, a causa del hongo *Phythophora infestans,* no puede explicar, por sí misma, las oleadas de migrantes irlandeses previos a dicha fecha. En cualquier caso, como señaló Donald H. Akenson,[8] «lo que hizo la hambruna fue confirmar y acelerar la predisposición irlandesa por abandonar el terruño».[9] Por otra parte, la dispersión de grupos humanos constituye la forma más antigua de desplazamiento forzado de la cual se tenga noticia, pero una de sus formas más

7 Poston, Dudley L., «Migration», en *The Cambridge Dictionary of Sociology,* Bryan S. Turner ed., Cambridge, Cambridge University Press, 2006, pp. 385-386.

8 Akenson, Donald H., *The Irish Diaspora: a primer,* Canada, P. D. Meany Company, 1993, p. 20.

9 Akenson, 1993, p. 20. Vale la pena tener presente que el destino de una parte de esa diáspora verde fueron los nuevos países latinoamericanos, cuyos gobiernos promovieron políticas de mejora de la raza o de la población por medio de oficinas en Europa para la captación de colonos, con desigual éxito (como los pobres resultados de las gestiones de Porfirio Díaz para poblar el desolado norte de México) y, en ocasiones, con trágicos resultados, como el llamado *Dresden affaire,* en donde los más de 1500 irlandeses que llegaron a la Argentina bajo la promesa de mejores condiciones de vida, fueron abandonas a su suerte en condiciones por completo desfavorables para su supervivencia. Cf. Murray, 2011.

antiguas se encuentra lejos de consignarse en las formulaciones contemporáneas, como la que se ha citado al inicio de este escrito, a pesar de su notoria persistencia. La razón es sencilla, puesto que -como ocurre de igual manera con el estudio de las diásporas pasadas y presentes- aparece bajo otra etiqueta, con la cual por lo común no se le asocia con los estudios migratorios o si lo hace, es de forma tangencial sin atisbar su justa pertinencia. En efecto, la esclavitud como forma extrema y antigua de migración forzada trastoca las caracterizaciones actuales presentes en la literatura tanto académica como la que aparece en los medios de comunicación.

Se puede alegar, y de hecho se alega, que la esclavitud está formalmente abolida y que las nuevas definiciones buscan cubrir formas nuevas del mismo fenómeno. Sin embargo, no tenemos evidencia o indicios de que la esclavitud haya sido erradica en el mundo. Todo lo contrario, pues lo que ha sido abolida es la esclavitud como práctica legal. Pero el hecho de pasar una actividad altamente lucrativa, pero moralmente reprochable, al conjunto de las actividades ilegales, lo único que ha provocado es la modificación de sus prácticas, la disminución del tráfico y la diversificación de sus rutas y dominios según los dictados de los nuevos tiempos. En este sentido, es ingenuo pensar que un negocio tan redituable, que llegó a convertirse en la base económica de toda la Europa moderna y sus colonias,[10] haya podido desaparecer por

[10] La tendencia a subestimar el peso económico del mercado y uso de mano de obra esclavizada en el desarrollo de la economía de la Modernidad se sustenta en la falta de datos fiables que permitan una estimación global aceptable, empezando por la ausencia de una idea medianamente precisa sobre la cantidad de personas forzadas a abandonar sus tierras para servir en las labores de explotación de las Américas. En el prefacio a la versión española de su obra *El problema de la esclavitud en la cultura occidental* David B. Davis comenta que en la primera edición original se había referido a su estimación en quince millones de africanos forzados a migrar al Nuevo Mundo como un «albur informado» y, por consiguiente, debido a la amplia aceptación a las estimaciones más conservadores de Philip Curtis durante los setenta del siglo pasado,

completo de manera paulatina pero constante a partir de finales del siglo XVIII.

Sin duda, la tendencia a extirpar la esclavitud dentro de la caracterización del desplazamiento forzado obedece motivaciones de índole diversa y no es posible en este breve escrito enumerarlas de forma exhaustiva, de modo que me limitaré a discutir dos cuestiones relevantes para el tipo de problemas implicados en el tipo de análisis filosófico aquí propuesto y sus repercusiones en la forma de entender esta clase de fenómenos tanto desde una perspectiva sociológica o, en sentido amplio, desde la teoría social (entendida como la confluencia de distintas disciplinas para la atención de un mismo fenómeno social), así como su pertinencia para la revisión y reinversión de la filosofía política en cuanto a nuestra manera de entender y poner en práctica esos derechos primordiales que van más allá de los derechos de ciudadanía y que se presumen inviolables por simple hecho de ser inherentes a nuestra naturaleza humana.

En cierta forma ambas cuestiones tienen que ver, para decirlo de manera irónica, con una suerte de hegelianismo inconsciente. Es decir, con esa consciencia de sí o autoimagen que el llamado Occidente y sus extensiones, han elaborado como una forma de autoimagen para su propio autoconsumo sin dejar por ello de renunciar a sus pretensiones universalistas. Sin embargo, en el dilatado proceso de la elaboración de dicha autoimagen, se ha producido una suerte de urticaria moral que, en buena medida, condiciona un cúmulo de ambigüedades y contradicciones presentes y latentes.

---

para la segunda edición se sintió inclinado a reducir su estimación a diez millones de africanos; pero añade: «no obstante, en años recientes parece haber surgido un consenso acerca de que el primer estimativo de quince millones es más cercano a las evidencias disponibles» (Davis, 1996, XV. La referencia a dicha cifra y sus implicaciones económicas se localiza en la página 8 y siguientes).

Esos contrasentidos en cierta forma guardan una cierta relación con la mitología académica que, si bien en muchas ocasiones erradicada de la academia misma, permanece como una nube espesa en el imaginario social de amplios sectores de las sociedades contemporáneas, tal como ocurre con el mito del sedentarismo y la migración sinécdoque de la que ya se ha hablado antes. Es preciso advertir que los efectos de tal mitología no son exclusivos de esa crisis de conciencia occidental, pero es precisamente la unilateralidad de esa conciencia la que impide, en ocasiones, visibilizar otras formas de desplazamiento forzado, como aquella sufrida en los países asiáticos del Pacífico (como Filipinas, Sumatra, Birmania y Corea) bajo el dominio del imperio nipón durante la primera mitad del siglo XX, cuyas heridas siguen abiertas y son motivo de potenciales fuentes de conflicto en el presente. Pensar que semejantes tipos de desplazamiento forzado han desaparecido del horizonte en las sociedades contemporáneas es demasiado aventurado, por no decir ingenuo. ¿Por qué no buscar entonces una caracterización lo suficientemente amplia para cubrir todos los fenómenos de desplazamiento forzado? Un breve examen del desplazamiento forzado al que fueron obligadas al menos 200 000 mujeres de diversos países durante la ocupación japonesa, y en particular, las mujeres coreanas que, con el respaldo de su país, mantiene viva la exigencia de la reparación,[11] permite visualizar dos aspectos importantes ligados a otras formas de desplazamiento forzado y que, por

---

11 En 2003, la comisión de Derechos Humanos de la ONU demandó la indemnización para aquellas víctimas de esclavismo sexual. En enero del año pasado (2021), un tribunal de distrito en Seúl falló por la reparación del daño para doce surcoreanas víctimas de esclavitud sexual por parte del ejército nipón durante la Segunda Guerra Mundial. La negativa del gobierno a reconocer la demanda de reparación del daño se funda, entre otros motivos, en la estrategia de disolución de la responsabilidad al señalar que el reclutamiento de las llamadas *ianfu* («mujeres de consuelo») fue operado por particulares, y no como una medida instrumentada por el gobierno imperial. Esta estrategia de disolución de la responsabilidad, como se mostrará más adelante, adquie-

consiguiente, merecen indicarse en la intensión de la categoría si la teoría social pretende alcanzar el grado de universal que reclama su estatus de cientificidad. Ambos aspectos refieren a las fuerzas del Estado-nación y su estrategia para desestimar los reclamos de las víctimas de sus atropellos. El principal problema para su correcta ponderación conceptual es, de nuevo, la pesada mitología que esa conciencia histórica y moral echa sobre las formas actuales de entender nuestra forma de ser en el mundo en términos de poder y dominación.

IV. LA DISOLUCIÓN DEL ESTADO EN LA ERA DE LA GLOBALIZACIÓN

Existe la tendencia en las Ciencias Sociales a pensar los fenómenos actuales en términos de una perspectiva que pone énfasis especial en la dinámica de la economía mundial que se fraguó en los acuerdos y tratados que definieron el rumbo de la posguerra. Según este punto de vista, la inmigración sinécdoque y las distintas formas de desplazamiento forzados son el resultado no deseado, pero inevitable, de la maquinaria del capitalismo global. Existen diversos matices e interpretaciones en la manera de explicar, interpretar y aplicar este enfoque, pero la tendencia principal centra su atención en la disolución del Estado nacional tal como se entendió desde finales del siglo XIX hasta mediados del siglo pasado. Dicha disolución se manifiesta en la desregularización económica y la flexibilización de las fronteras, que permite el libre tránsito de insumos y mercancías, mas no así en cuanto al tránsito de personas. Este ablandamiento de las fronteras es el efecto visible de la disolución del Estado nación que pierde cada vez más el control económico y político al interior de su propio territorio. Los efectos externos de ese debilitamiento estatal es la desintegración pau-

re distintas formas legales según la escala del desplazamiento forzado en cuestión.

latina de la diversidad cultural y la caducidad de las posiciones políticas clásicas heredadas por la Revolución francesa.

Existe una cantidad enorme de evidencia que respalda este enfoque, pero desde mi punto de vista la mejor forma de entender e interpretar esa evidencia conduce a una versión débil sobre la novedad y peculiaridad de la llamada globalización. Es decir, es —en el mejor de los casos— un proceso dentro de un proceso mayor y, por consiguiente, más antiguo. Esta versión débil, suelo decir, se funda en la sociología procesual de Norbert Elías, la cual los críticos a favor de la excepcionalidad global rechazan por tratarse de una teorización que desconoce las grandes transformaciones ocurridas en los años ochenta del siglo pasado y que —según ellos— define los rasgos esenciales del mundo que estamos ahora viviendo. Pero a contracorriente también se podría citar a Wallerstein como un teórico que ubica la globalización como la etapa final de un proceso, uno entre otros, de aquello que denominó «*sistemas-mundo*» y que viene a coincidir con la caída del imperio norteamericano.[12]

Entre las ventajas que tiene este segundo enfoque es que evita las contradicciones manifiestas del enfoque fuerte de la globalización, como la identificación de zonas claramente diferenciadas (un sur global frente al norte global) dentro de esa tendencia presuntamente uniformadora de la globalización, mientras que, al mismo tiempo, tiende a desvanecer lo que ocurre a los lados en la medida que se apartan de la lógica norte-sur; o bien, el proclamado fin de las ideologías, cuando al mismo tiempo se lee con «preocupación» desde los centros de poder mundial y, por extensión, en los medios de comunicación corporativos, el arribo de gobiernos de izquierda en América Latina o cuando se hacen visibles aquí y allá grupos ultraderechistas, las más de las

---

12 Wallerstein y sus seguidores no prestan atención a los fenómenos de movilidad al interior de los sistemas-mundo, pero no existe impedimento teórico alguno para extender el análisis a esos fenómenos. Véase Wallerstein 2006, para una introducción a dicho análisis.

veces, autodeclarados como neonazis, en abierta confrontación contra políticas pro migrantes o contra los mismos grupos o personas migrantes.

Desde un punto de vista más crítico, el enfoque globalizador es, en el fondo, un mito académico, heredero no reconocido de aquella vieja doctrina del liberalismo económico del siglo XVIII. En este sentido, se puede decir que se trata únicamente de una actualización de aquella mano invisible del mercado, transformada y elevada al rango de mano invisible e inevitable de la globalización. Otro elemento problemático de este enfoque es el contraste entre el rasgo dual de las fronteras, como debilitamiento en cuanto al flujo de insumos y mercancía, pero endurecimiento con respecto al flujo de personas «no autorizadas»; y el aumento descontrolado, de la crisis, de la migración sinécdoque. Al menos dos hipótesis pueden explicar esta paradoja: o bien las fronteras efectivamente se han diluido ante el flujo indiscriminado de personas, o bien el aumento de la migración global no se ha disparado de manera considerable, sino que se ha convertido en un tópico de percepción y, por consiguiente, de interés público y objeto de manipulación política.[13]

Es probable entonces que exista un grado considerable de sobreestimación en el aumento de los flujos migratorio, ya sea porque se observa un aumento dramático en una región dada y se extrapola a otras regiones, o bien se percibe como parte de

---

13 En la introducción a la quinta edición de *The age of migration*, los autores afirman que «while global migrates rates have remained relativity stable over the past half a century, the political salience of migration has strongly increased [...] Between 1846 and 1939, some 59 million people left Europe, mainly for areas of settlement in North and South America, Australia, New Zeeland and South Africa. Some scholars call this the 'age of mass migration' and argue that these international movements were even bigger than today's». Elimino las referencias a Stalker y a Hotton y Williamson, en quienes se apoyan los autores en la segunda parte de la cita.

un aumento generalizado (pues nuestros hábitos mentales difícilmente operan en dirección inversa). Pero también quizá los marcos de comparación a la mano no son los adecuados y habría que preguntarse —siguiendo un viejo consejo de David Hume—[14] si los objetos bajo comparación son los mismos o se discute sobre objetos de distinta naturaleza. Desde luego, lo mismo es válido para quienes defienden el enfoque opuesto.

Pero volvamos de nuevo al desplazamiento forzado en Asia, como una forma de esclavismo sexual, para someter bajo escrutinio la tesis sobre el debilitamiento del Estado-nación que promueve el enfoque fuerte de la globalización. Como se ha sugerido antes, el llamado problema de la esclavitud sexual (ianfu mondai) ofrece, como caso de estudio, un ejemplo notable para mostrar las deficiencias de las caracterizaciones usuales de la categoría *desplazamiento forzado.* En primer lugar, se trata de un desplazamiento forzado multinacional biunívoco (de distintos lugares de origen a distintos destinos) que viola de manera sistemática tanto tratados internacionales como el mismo código penal japonés. Y fue ejecutado y administrado de manera sistemática por el ejército imperial con la colaboración (en ocasiones forzada) de civiles en los países de operación.

Aunque Japón oficialmente perdió la guerra, fue duramente desbastado, y su rey se vio obligado a capitular, el gobierno como tal permaneció sin alterar un ápice los rasgos autoritarios de una cultura dominantemente militar y patriarcal. De allí su capacidad para negar de manera inflexible y sistemática cualquier demanda de reparación de daño e, incluso, de reconocer como crimen de guerra todo lo relacionado con las «mujeres de consuelo» ante los organismos internacionales de Derechos Humanos, aun cuando

14 «Siempre que estoy ante una disputa me pregunto si el objeto de la controversia es una cuestión de comparación o no; y si lo es, me pregunto si los disputantes están comparando los mismos objetos o están hablando de cosas que son enteramente diferentes». La cita corresponde al ensayo «Sobre la dignidad y miseria de la naturaleza humana», en Hume (EMP), p. 105.

las acciones no solo atañen a la violación de tratados internacionales firmados por el mismo gobierno japonés con anterioridad a los hechos, sino también, como señala Rumiko,[15] a delitos consignados en el código penal japonés.

Desde luego, debe señalarse que la negativa del Gobierno japonés ante los organismos internacionales ha contado hasta la fecha con el respaldo de los EE.UU., una práctica condescendiente recurrente con aquellos *Estados cliente*, para usar la denominación de Chomsky.[16] De este hecho, ampliamente documentado, se siguen consecuencias tanto para la idea del debilitamiento del Estado ante la globalización como para las caracterizaciones del desplazamiento forzado que se han venido comentado. Los defensores del enfoque de la excepción globalizadora, argumentan que el debilitamiento del Estado se mide en función de sus indicadores económicos, no políticos, pero apelar a la división disciplinar solo sirve para batirse en retirada cuando se comprometen las propias premisas.

Ocurre algo similar cuando se ofrecen los rasgos definitorios del desplazamiento forzado y se confunden las causas objetivas con los rasgos subjetivos de las personas desplazadas. En particular, llama la atención que, para un número considerable de casos, el papel del Estado, interno o externo con respecto a los sujetos forzados a desplazarse, aun cuando sea manifiesto su función como agente del desplazamiento, no aparece en la definición. Tampoco se toma en cuenta que, para casos como el esclavismo

---

15 Rumiko, Nishino, «Forcible mobilization. What survivor testimonies tell us», en *Denying the comfort woman. The Japanese state's assault on historical truth,* Nishino Rumiko, Kim Puja, & Onozono Akane, 2009.

16 Cf. Chomsky, en especial el capítulo cinco: «La utilidad de las interpretaciones». La ambivalencia no es propia de los EE.UU., sino de toda Europa, como queda de manifiesto en la enérgica denuncia de Forrester (2008) sobre el simulado proceso de denazificación, el control estricto de los Aliados sobre el flujo de migrantes judíos, y la permanencia indefinida en campos de reclusión para aquellos sobrevivientes al Holocausto.

africano y las mujeres de consuelo, el destino de los desplazados está bajo control de quienes ejercen el desplazamiento. Puede argumentarse, por supuesto, que ambos elementos están lejos de aportar evidencia sobre la insuficiencia de las definiciones conocidas sobre desplazamiento forzado y, por lo tanto, refieren a otro tipo de fenómenos. De acuerdo, pero si este es el caso, debe quedar claro que la denominación es equívoca y requiere modificarse. Desde de mi punto de vista, el desplazamiento forzado, como se entiende «normalmente», es una variante más de la clase de proceso asociados a lo que denomino *migración sinécdoque.*

V. GÉNERO

Por otra parte, el llamado *ianfu mondai* permite visualizar con mayor claridad la dimensión cultural del desplazamiento forzado femenino y, por ende, la tendencia creciente hacia una masificación de la inmigración sinécdoque compuesta por mujeres y sus hijos, cuyo destino laboral es la industria del sexo bajo un esquema de tráfico de mujeres trasnacional. La estrategia para desechar los reclamos, y la manera como estos han sido interpretados tanto afuera como adentro de Japón, muestra el conflicto entre la fuerte tradición patriarcal y la aún débil pero tenaz defensa de los derechos de la mujer. En particular, destacan dos argumentos que están íntimamente relacionados entre sí;[17] el primero consiste en despojar a las mujeres de su condición de víctimas señalando que se trata, en realidad, de prostitutas y no de esclavas sexuales. El segundo argumento consiste en indicar que ni el gobierno ni el ejército imperial tuvieron injerencia alguna en la gestión del traslado, implementación y administra-

---

[17] Los otros dos argumentos: 1) la presunta falta de documentos oficiales que presten respaldo a la gestión del traslado y administración de las «mujeres de consuelo» y 2) la desestimación de testigos presenciales y circunstanciales por ser poco confiables, no son relevantes para nuestros propósitos.

ción de los prostíbulos de las «mujeres de consuelo». Este segundo argumento es en particular importante porque constituye una de las estrategias más socorridas para desvincular la responsabilidad de otros casos de desplazamiento forzado por parte de los Estados como de otros entes privados. Desde el punto de vista lógico, ambos argumentos no se pueden sostener entre sí bajo ciertas consideraciones, puesto que si las víctimas ejercían, de hecho, la prostitución, poco importa ya si el gobierno y/o el ejército se hallaban involucrados en la gestión de los prostíbulos, a menos que las mujeres hayan sido forzadas o persuadidas bajo amenazas o engaños a abandonar su lugar de residencia para ejercer la prostitución para un único cliente militar. Pero este último argumento tiene menor peso entre quienes consideran un detalle menor forzar (dirán obligar) a una prostituta a cambiar de lugar de trabajo.

Pero el argumento reiterado de quienes dicen «comprender» la negativa del gobierno japonés, consiste en apelar a la historia cultural en relación con la prostitución y la sujeción de la mujer ante el guerrero, el líder del clan.[18] Se recuerda,

18 Goodman, por ejemplo, al reseñar dos textos sobre el tema, señala: «neither book, however, deals sufficiently with military prostitution in terms of either the history of prostitution in Japan or the general subservience of woman in a traditionally warrior military male-dominated society. What neither book explains is the seeming inability, even today, of the Japanese government or many Japanese people to comprehend why foreigners are so "up set" about the *ianfu*. And neither book fulfills its historian's responsibility to examine the problem of Japanese military sexual slavery in depth with care and detachment». Goodman pasa por alto que Tanaka y Yoshimi (los autores de los libros en cuestión) dan por descontado ese trasfondo cultural. La tendencia a interpretar los hechos desde la perspectiva exclusivamente masculina oculta las más de las veces el dominio de los hombres sobre la mujer. Por ejemplo, en un escenario completamente distinto, el historiador Jonathan Israel se refiere al origen del mestizaje mexicano como fruto de las relaciones sexuales entre españoles e indígenas plenamente consensuadas: «Parece que para explicar esas relaciones [ocasionales] hay que tomar en cuenta,

en este sentido, las llamadas señoritas «que van a China» (karayuki-san), el mercado internacional de prostitución que tuvo su auge a finales del siglo XIX y principios del siglo XX y se convirtió en la principal fuente de divisas de ese país. Sin embargo, por muy importante que sea tener en consideración ese trasfondo cultural, en ningún sentido debilita o resta peso a los reclamos y las reivindicaciones de todos aquellos que luchan, en el Este como en el Oeste, por relaciones igualitarias y, sobre todo, el respeto a la integridad de la mujer y la abolición de su cosificación.

VI. EXTENSIÓN

Por último, hagamos un par de consideraciones sobre la extensión territorial de la categoría, ya que el desplazamiento forzado interestatal tiende a oscurecer el desplazamiento forzado interno y, lo que resulta más relevante, otras clases de desplazamiento al alza en varios países, incluido el nuestro. Entre estas clases de desplazamientos sobresalen aquellos provocados por la disputa entre bandas dedicadas al narcotráfico o la ampliación de los dominios, así como la presencia de gatilleros o paramilitares que tienen como objetivo amedrentar o asesinar a pobladores asentados en zonas con recursos naturales.

Si bien es importante determinar la extensión de los desplazados, no se debe perder de vista que no existe ni puede existir una conexión intrínseca entre las causas y la extensión de los mismos. Dicho de manera breve, la extensión es meramente circunstancial y debe, por ende, identificarse de forma empírica. En la mayoría de los casos, la extensión del desplazamiento depende de la ubicación de zona crítica con respecto a la frontera más próxima, de tal manera que a mayor proximidad

---

aparte de la voracidad de los conquistadores, la notable disposición de las indias para cohabitar con ellos, después de la derrota de sus hombres». Israel, 1980, p. 69.

con la frontera mayor posibilidad de desplazamiento externo. Este es caso de los conflictos en los estados en el norte del país, como por ejemplo, el de los desplazados del Valle de Juárez, cuya cercanía con los EE.UU. los empujó a buscar asilo en ese país.[19] En no pocas ocasiones es el temor debido a la inacción de las autoridades locales, estatales y federales, lo que impulsa a los desplazados a ir más allá del país.

Pero existen dos tipos más de desplazamiento que, por su propia naturaleza, sí definen la extensión interna. Ambos casos ocurren a causa de proyectos de desarrollo, uno de carácter estatal,[20] como los que provocan proyectos regionales de gran envergadura, como es el caso del Tren Maya; el otro de carácter privado, dirigido por consorcios, para proyectos que el Estado ha cedido para su gestión; no son los únicos de carácter privado, pues existen también proyectos de menor escala, por lo general de dimensión urbana y dirigidos, por lo general, a proyectos inmobiliarios. Y es en este sector privado donde se registran el mayor número de anomalías, puesto que los abusos en el pago de la indemnización por el desplazamiento se comenten bajo un esquema de evasión de la responsabilidad por medio del involucramiento de «terceros», firmas de abogados, que luego son desconocidos como representantes de las empresas inmobiliarias.

---

19 Véase a este respecto el documental *El guardián de la memoria* de Marcela Arteaga.

20 Domínguez, J. Carlos, *Desplazamiento forzado por proyectos de desarrollo: retos para la cooperación internacional en América Latina*, México, Instituto Mora, 2014.

VII. REFERENCIAS

Akenson, Donald H., *The Irish Diaspora: a primer*, Canada, P. D., Meany Company, 1993.

Castes, S., Haas, H. & Miller, M. J., *The age of migration. International population movements in the modern world*, Fifth ed., New York, Palgrave-MacMillan, 2014.

Chomsky, Noam, *Ilusiones necesarias. El control del pensamiento en las sociedades democráticas*, La Plata, Terramar, 2007.

Davis, David Brion, *El problema de la esclavitud en la cultura Occidental*, traducción de Roberto Bixio, Bogotá, Ancora, 1996.

___, *The problem of slavery in the age of Revolution*, 1770-1823, Oxford University Press, 1999.

Domínguez, J. Carlos, *Desplazamiento forzado por proyectos de desarrollo: retos para la cooperación internacional en América Latina*, México, Instituto Mora, 2014.

Forrester, Viviane, *El crimen occidental*, Traducción de Isabel Vericat Núñez, Buenos Aires, FCE, 2008.

Goodmann, Grant K., «Review of Yoshimi's *Comfort woman* and Takana's *Japan's comfort woman*», *The Journal of Japanese Studies*, 30, 2004, pp. 183-186.

Hernández Márquez, Víctor M., «Migrantes, refugiados y derechos humanos. una mirada desde la filosofía política», en *Migrantes, refugiados y derechos humanos*, Cepeda Rincón, Francisco de Jesús y Lucho González, Guadalupe Friné (coords.), México, Tirant lo Blanch, 2019, pp. 27-46.

___, «Migrantes, refugiados y derechos humanos: réplicas y reconsideraciones», en *Migrantes, refugiados y derechos humanos. Tomo II*, Cepeda Rincón, Francisco de Jesús y Lucho González, Guadalupe Friné (coords.), México: Tirant lo Blanch, 2023.

Hume, David (EMP), *Ensayos morales, políticos y literarios*. Edición, prólogo y notas de Eugene F. Miller, traducción de Carlos Martín Ramírez, Madrid, Trotta, 2011.

Israel, Jonathan I., *Razas, clases sociales y vida política en el México colonial 1610-1670*, traducción de Roberto Gómez Ciriza, México, FCE, 1980.

Lienhard, Martín (Coord.), *Expulsados, desterrados, desplazados. Migraciones forzadas en América Latina y África*, Madrid-Frankfurt am Main, Iberoamericana-Vervuert, 2011.

Macleod, Ewen, «Datos y pruebas sobre desplazamiento forzado: reflexiones sobre los avances y los retos», en *Revista Migraciones Forzadas,* 66, 2021, pp. 42-46.

Murray, Edmundo, «¿Migración, exilio o engaño? La *Irich Colony* de Napostá (1889-1892)», en *Expulsados, desterrados, desplazados. Migraciones forzadas en América Latina y África,* Lienhard, Martín (Coord.), 2011, pp. 205-216.

Rumiko, Nishino, «Forcible mobilization. What survivor testimonies tell us», en *Denying the comfort woman. The Japanese state's assault on historical truth,* Nishino Rumiko, Kim Puja, & Onozono Akane, 2009.

Poston, Dudley L., «Migration», en *The Cambridge Dictionary of Sociology,* Bryan S. Turner ed., Cambridge, Cambridge University Press, 2006, pp. 385-6.

Wallerstein, I., *Análisis de sistemas-mundo: una introducción.* 2da ed., traducción de Carlos D. Schrieder, México, Siglo XXI, 2006.

Material audiovisual:

Arteaga, Marcela, *El guardián de la memoria.* Documental.

Necropolítica mexicana e imaginarios territoriales en la guerra contra el narcotráfico

RAMÓN RAMÍREZ IBARRA[1]

I. INTRODUCCIÓN

Para la política, en su sentido clásico, un hecho fundamental era que la ciudad (polis) debía ser un medio para vivir bien. El Estado, creación de la comunidad en aras de garantizar la vida como principio, expresaba la necesidad de tener límites —adentro y afuera— en la pertenencia a un lugar como territorio. Incluso para Aristóteles,[2] polis y gobierno se conjugaban en un orden que sería la constitución como expresión de lo gobernable. En la modernidad, el espacio del bien vivir —privacidad— coincide progresivamente con el espacio político.[3] Pasamos de súbditos a ciudadanos con un poder soberano, la nación, acompañados de una identidad común representativa. Ahora, ¿qué sucede cuando esta se convierte en sujeto de excepción? ¿Cuándo las instituciones elegidas como poder soberano pasan a decidir acerca del valor de las vidas?

---

1 Doctor en Filosofía orientada en Arquitectura y Asuntos Urbanos. Profesor de tiempo completo en la Facultad de Arquitectura de la UANL. Actualmente es investigador nacional Nivel 1 del SNI-CONACYT. Ha publicado 3 libros y más de 50 artículos y capítulos de libros en distintos medios nacionales e internacionales.

2 Ver Aristóteles, *Política*, Libro III, Gredos, Madrid, 1988.

3 Para Carl Schmitt, este sería un *nomos* de la tierra, que hace coincidir la ley, el estado y la guerra. En *El Nomos de la tierra en el derecho de gentes del* «Jus oublicum europaeum», CEC, Madrid, 1979.

La biopolítica es un ejercicio del poder en términos de gestión administrativa de lo vivo.[4] Michel Foucault, en el famoso curso del Collége de France (1978-1979) que consolida dicho concepto, se concentró en aquellas prácticas relacionadas con las maneras en que los gobiernos instrumentan sus reglas y objetivos a fin de ejercer la gobernabilidad. Autores dentro de este concepto como Giorgio Agamben[5] hablan, en específico, de una vida desnuda (nuda vida) para referirse a la violencia anómica ejercida por un estado de excepción. La reducción humana a su condición biológica cuando el ejercicio soberano aplica un orden extrajudicial a la pertenencia ciudadana: una decisión sobre la vida y la muerte que sustenta el orden gobernativo bajo un poder como régimen de castigo y punición soterrada. El liberalismo ha intentado paliar esto con nuevos referentes para la protección de minorías bajo derechos diferenciados. Situación representada en México por la reforma al artículo segundo constitucional (2001) dirigido a los derechos de los pueblos indígenas. La discusión en torno a esta reforma se desarrolla en el ámbito fronterizo de lo territorial/desterritorial y parte de la teoría del contacto cultural como expresión de naciones y tradiciones en un marco de discusión autonómica.

En contraste, el concepto de *necropolítica* del historiador camerunés Achile Mbembe,[6] resignifica un control soberano vital y mortífero partiendo no de la autonomía, sino de una instrumentalización de lo humano caracterizada por la desaparición material de los cuerpos como un *nomos* del espacio político, un locus poscolonial que une tanto al poder estatal como a una economía de muerte desde un ejercicio violento, signado por precariedades en diferentes ámbitos, desde el laboral hasta la

---

4 Foucault, Michel, *El nacimiento de la biopolítica*, Buenos Aires, FCE, 2007.

5 Agamben, Giorgio, *Homo sacer. El poder soberano y la nuda vida*, Valencia, Pre-textos, 2016.

6 Mbembe, Achile, *Necropolítica seguido sobre el gobierno privado indirecto*, España, Melusina, 2011.

vida misma. Nuestra pregunta fundamental es la siguiente: ¿Es México un espacio necropolítico?

II. MUERTE MEXICANA Y BIOPOLÍTICA

Antes de sustentar una observación acerca del orden legal, revisemos la narrativa que trata de consumarse como interpretación de la mortalidad en lo mexicano, es decir, el régimen de subjetividad en torno al acontecer histórico que forma el contenido de aquello que entendemos como hegemonía.[7] La idea de la muerte mexicana apela a una expresión simbólica y tutelar que resiste una simple traslación al estado o la cultura popular. Su carácter totémico —figura de filiación colectiva— como secuela de la Revolución, surgió con una generación de intelectuales que cuestionaron las críticas en medios de comunicación extranjeros, quienes asociaban la violencia revolucionaria a vestigios de una antigua violencia azteca o indígena en una representación neocolonial.[8]

La muerte revolucionaria emergente desarrolló un relato contrahegemónico del capitalismo desde el rito festivo, manifestándose a través de intelectuales y artistas como familiaridad o cercanía en un sentido identitario de la cultura. No obstante, hay una crítica muy interesante a esta interpretación en la obra de intelectuales o antropólogos, por ejemplo, los casos de Carlos Monsiváis[9] o

---

7 Gramsci planteó la hegemonía como una dirección política, intelectual y moral donde una clase dominante y sus grupos de interés que son capaces de articular las condiciones ideológicas necesarias para expresar una voluntad colectiva. En *Escritos políticos* (1917-1933), México, Siglo XXI, 1981.

8 Claudio Lomnitz plantea con singular sentido crítico y erudición el desarrollo de esta convención ideológica del nacionalismo. Ver *Idea de la muerte en México,* México, FCE, 2006.

9 Cf. Monsivais, Carlos, *Mira muerte, no seas inhumana, notas sobre un mito tradicional e industrial,* en Pomar, María Teresa, *El Dia De Los Muertos: The*

Stanley Brandes[10] quienes, partiendo del proceso de «invención» nacionalista —exotismo—, buscan salidas a una esencia universalista desde la afirmación de la vida bajo una subjetividad en resistencia (*neoromanticismo*). Así, la muerte mexicana sustentada en la biopolítica reconoce la existencia de derechos sociales diferenciados —autodeterminación—, pero siempre partiendo de la universalidad liberal que ve en la garantía del orden territorial su asimilación política.

En este sentido, es una representación sustentada en la función de separación de una norma común, la cual por el peso de las mayorías se constituye en el objetivo a resistir. Tal idea parte de dos procesos que comparten una conexión en un sentido espacial. Por una parte, la contrahegemonía, que alude a la capacidad de generar un relato de oposición desde un movimiento colectivo de raigambre territorial, y por otro, la recuperación de ese sentido, bajo una expresión mítica desde la cual se procesa una asimilación que conforma un nuevo sistema de referencias. Por ende, es posible advertir cómo hasta las propias identidades en pugna rápidamente pueden convertirse en un objeto mercantil, ergo la recarga mitificada de la muerte mexicana vista desde Hollywood en películas como *Coco* hasta el día de muertos representado como escenario en James Bond, sello característico de un proceso de transculturización posnacional.[11]

Life of the Dead in Mexican Folk Art (112), Fort Worth, Tx: Modern Art Museum of Fort Worth, 1995.

10 Ver Brandes, S., «Sugar, Colonialism, and Death: On the Origins of Mexico's Day of the Dead», en *Comparative Studies in Society and History 39, núm. 2,* 1997.

11 Indica García Canclini: «El problema reside en que la mayor parte de las situaciones de interculturalidad se configura hoy no solo por las diferencias entre culturas desarrolladas separadamente sino por las maneras desiguales en que los grupos se apropian de elementos de varias sociedades, los combinan y transforman. Cuando la circulación cada vez más libre y frecuente de personas capitales y mensajes nos relaciona cotidianamente con muchas culturas, nuestra identidad no puede definirse ya por la pertenencia exclusiva a una comunidad nacional».

Una de las deudas del entendimiento biopolítico del conflicto entre crimen y estado es que la situación potencial de muerte a que alude la relación gobernativa es resuelta como confinamiento, límite o demarcación que expone la situación entre vida y muerte como una lucha por la verdad. Pero, como argumenta Byung-Chul Han, el límite de este conflicto potencial ha quedado gradualmente neutralizado en el sentido violento y real que asume la política cuerpo, problema relevante ya que la política actualmente se reivindica a sí misma en la negación de la propia actividad deliberativa por una protocolización psicopolítica donde el medio es el dominio y, por ende, la hegemonía misma:

> *Los medios digitales ponen fin a la era del hombre masa. El habitante del mundo digitalizado ya no es ese nadie. Más bien es alguien con un perfil mientras que en la era de las masas solo los delincuentes tenían un perfil. El régimen de la información se apodera de los individuos mediante la elaboración de perfiles de comportamiento.*[12]

Esta centralización de la mediación psicopolítica como punto de contacto entre individuos y sociedad genera una narrativa autocoordinada cuando aborda, en específico, fenómenos como el crimen, migraciones o desigualdades. Esa narratividad no es biopolítica sino, como pretendo mostrar, alude a expresiones de un necropoder. La asociación identitaria que construyó Foucault[13] entre racismo y Estado como explicación para el ejercicio de la muerte a través del biopoder, ahora es consumada en un espacio de radical alteridad que genera excluidos o desechables que si bien indicaba perfectamente este filósofo siguiendo la lógica de control desde el enfoque gobernativo, enfrenta también el reto de una reducción a esa experiencia y praxis concreta en la historia occidental (racismo) al mero papel de intervención privilegiada de los regímenes sociopolíticos europeos. Es decir, la inter-

---

En *Consumidores y ciudadanos. Conflictos multiculturales de la globalización*, México, Random House, 2009, p. 125.

12 Han, Byung-Chul, *Infocracia*, México, Taurus, 2022, p.22

13 Foucault, Michel, *Genealogía del racismo*, Buenos Aires, Altamira, 1996.

pretación biopolítica termina siendo una orientación normativa del saber institucional europeo. Por tanto, es articulada desde la institucionalidad occidental no pudiendo evitar su reducción del problema al Estado.

Como han señalado autores como Gigena,[14] ante esta dificultad Mbembe retoma un problema del cual Foucault solo trazó un límite, pero que involucra una temporalidad alternativa para el racismo donde pervive aún para el relato europeo una sombra, fuente de contradicción del racionalismo aspirante a mostrar desde la verdad de la ciencia un rebasamiento de lo premoderno, que en lugar de la evidencia (lo real determinado por su cientificidad), se reproduce como una especie de economía psíquica, un imaginario social observado por el historiador camerunés a través de micro prácticas de la modernidad global relativas a la circulación de cosas, migraciones y guerras. La biopolítica se sustenta en la formación de entidades territoriales con límites geofísicos y materiales como cuerpos o ciudades, la necropolítica parte de la disolución del otro en cadenas de datos o informaciones. Mientras la clave del biopoder se encuentra en la demostración por la vía de los signos del cuerpo supliciado como en Damiens o el terror suicida insurgente, el necropoder se interpreta desde la desaparición total de los cuerpos y sus narrativas, sea emergente de los llamados «pozoleros»[15] o los combatientes de ISIS como instrumentos de un régimen psicográfico de representación.

Por ende, a diferencia de Agamben y Foucault, que sostienen que la violencia y el terror son los constitutivos del ejercicio del ra-

---

14 Cfr. Gigena, Andrea Ivanna, «Necropolítica. Los aportes de Mbembe para entender la violencia contemporánea» en Fuentes Díaz, Antonio (Edt.), *Necropolítica. Violencia y excepción en América Latina*, México, BUAP/ICSH Alfonso Vélez Pliego, 2012.

15 Dentro de la cadena narrativa del narcotráfico que aborda elementos como plazas, jefes de plaza, sicarios, burreros, hormigas, halcones, el pozolero se ha identificado como el encargado de la desaparición de los cuerpos para lo cual aplica desde ácido hasta todo tipo de instrumentos cortantes o combustibles.

cismo estatal para lograr un equilibrio en la población, una forma tanatológica, Mbembe[16] plantea el ejercicio del necropoder como una tecnología política que sobrepasa a la estatalidad porque se articula no como fin gobernativo sino extractivo: la desaparición del cuerpo del otro dentro de un aparato de gestión de multitudes cuyo fin es la masacre poblacional en virtud de la explotación y acaparamiento de recursos naturales. La biopolítica es un instrumento regulador para el capital, una forma racional de estabilidad, mientras que la necropolítica es un régimen subjetivo cuya expresión es asimétrica (no involucra al colonizado) y su fin no se propone el ejercicio directo del poder por la vía del Estado, sino que este último permite la generación de violencia y la emergencia de resistencias —gobernabilidad indirecta— a fin de provocar un incremento en la productividad económica.[17]

III. NECROPOLÍTICA MEXICANA

La necropolítica aborda los conceptos de territorio y soberanía como prácticas de violencia cuyo fin es la gestión de la muerte: un sistema donde los cuerpos son entidades bajo un ciclo de consumo y descarte. ¿Cuándo comienza a ser nítida la expresión necropolítica mexicana? Pregunta compleja, no porque carezcamos de hechos, sino por la conocida tradición punitiva solapada

---

16 *«[...] las nuevas tecnologías de la destrucción están menos interesadas en inscribir a los cuerpos en los nuevos aparatos disciplinarios que en inscribirlos, cuando llega el momento, en el orden de la economía radical que ahora se representa con la masacre [...] figuras humanas que están vivas sin duda, pero cuya integridad corporal ha sido reemplazada por piezas, fragmentos, arrugas e incluso heridas inmensas que son difíciles de cerrar. Su función es mantener ante los ojos de la víctima y de las personas que lo rodean, el mórbido espectáculo de la mutilación»* Mbembe, Achille, «*Necropolítica*», en Enwezor, Okwui, *Lo desacogedor. Escenas fantasma en la sociedad global,* Sevilla, Fundación BIACS, 2006, p. 48.

17 Mbembe, Achille, «Poder, violencia y acumulación», en López Castellano, Fernando, *Desarrollo: crónica de un desafío permanente,* Granada, Universidad de Granada, 2007.

en la desaparición corporal como práctica recurrente de nuestras instituciones. Desde el asalto al cuartel Madera (1965), las represiones estudiantiles (1968-1971), Guerra Sucia (1969-1979) hasta la rebelión zapatista (1994) hablamos de desafíos inscritos en un horizonte biopolítico. Respuestas estatales a amenazas motivadas por el reclamo del monopolio de la violencia en el sentido moderno.[18] Un estado de excepción aplicado a resistencias bajo una simetría entre seguridad nacional y gobernante, encarnada por la estabilidad (PRI).

La seguridad de la institución política era correlativa a la seguridad de la nación, empero, sucesos de los años noventa como los asesinatos del presidente del PRI José Francisco Ruiz Massieu y su candidato presidencial Luis Donaldo Colosio, atestiguaron un retorno al arcaísmo soberano entre política y muerte. La razón, el régimen político y el Estado dejaron de ser un ejercicio selectivo dirigido a los enemigos de la revolución, ahora la supervivencia dependía de la aplicación de una violencia indeterminada que involucraba nuevos actores y roles. Los narcotraficantes abandonan, en definitiva, el escenario de acuerdos territoriales aldeanos y agrícolas que, incluso, fungieron en intersticios gobernativos estatales para pasar a matarse a balazos abiertamente en puntos de acceso y en pleno corazón de las ciudades. Las migraciones se instalan como huidas y escapes de ajustes y acomodos. En el enfoque biopolítico, Antonio Negri[19] veía todavía estos procesos ligados a la urbanización como una relación adentro/afuera en la cual se vislumbraban tanto nuevas formas de legitimidad como instrumentos de gobernanza.

Empero, las organizaciones violentas cambiaron en las matanzas de Aguas Blancas (1995), Acteal (1997) y los feminicidios de Juárez (1996) a una escenificación mediática de flagrancia asesina, generadora de mutismos selectivos y responsabilidades

---

18 Weber, Max, *El político y el científico,* Buenos Aires, Alianza, 1998.

19 Negri, Antonio, *De la fábrica a la metrópolis,* Argentina, Editorial Cactus, 2020.

difusas. Medios, ciudades y violencia en conjunto desarrollaron los vértices de una relación simbiótica que, a partir de ese momento, solo conoce escaladas, pausas y momentos de suspenso, pero no su disolución. Deleuze & Guattari[20] denominan «máquina de guerra» al orden social violento del binomio estado-capital que genera procesos de neutralización y reubicación extractiva de personas tornándose en mecanismos gestores de multitudes. Desplazamientos y señales de desaparición sobrepasan el origen gobernativo que otrora venía focalizada en campesinos, obreros, estudiantes y guerrilleros.

La respuesta del Estado ante estos fenómenos no fue el sometimiento directo al ejercicio del poder gobernante, sino una articulación telecrática de imágenes,[21] sostenida por una fragmentación de lo discursivo en la cual la esfera pública articulada como acción comunicativa en torno a la verdad pasó a ser un espectáculo de imágenes donde la información se revela como una apelación identitaria constante. Esta disolución de los cuerpos en torno a un dispositivo narratológico tiene su correlación en la teoría de Mbembe sobre el gobierno privado indirecto[22] que sostiene la existencia de una serie de mecanismos que involucran un acto privatizador que va desde la soberanía política bajo una adopción de acciones semiconstitucionales hasta el ejercicio de los medios del poder coactivo encarnados en la ideología.

---

20 Deleuze, Gilles & Guattari, Félix, *Mil mesetas. Capitalismo y esquizofrenia*, Valencia, Pretextos, 2012.

21 *«Así los colectivos identitarios tribalistas rechazan todo discurso, todo diálogo. El entendimiento ya no es posible. Las opiniones expresadas no son discursivas, sino sagradas, porque coinciden plenamente con su identidad, algo que no pueden renunciar»*, Han, Byung-Chul, *Op. Cit.*, p. 53.

22 «De momento abre una vía al surgimiento, en el espacio público, de actores políticos inéditos, a la proliferación de racionalidades sociales inesperadas y al desarrollo de nuevos dispositivos cuya meta consiste en regular la conducta de los individuos y hacer posibles nuevas formas de constitución de la propiedad privada y la desigualdad». En Mbembe, Achile, *Necropolítica seguido sobre el gobierno privado indirecto*, pp. 79-80.

IV. MÉXICO Y LA JUSTIFICACIÓN DEL NECROPODER

Desde el aparato gobernativo, la necropolítica mexicana alcanzó su cenit en la guerra contra el narcotráfico emprendida por el gobierno de Felipe Calderón (2006-2012). Pero, las estrategias de las agencias norteamericanas de inteligencia se introdujeron desde el sexenio de Miguel de la Madrid (1982), aunque con Ernesto Zedillo (1994-2000) aparece la primera participación militar en seguridad pública vía decreto legislativo.[23] Un trabajo bilateral (México-USA) publicado por la Secretaría de Relaciones Exteriores de Zedillo expresaba sintéticamente:

> *Los narcotraficantes no han logrado reflejar su poder económico en un poder político equivalente [...] no tienen la capacidad de enfrentarse abiertamente en venganza al estado y las instituciones responsables del control y la procuración de justicia.*[24]

Luis Astorga[25] señala que la criminalización creciente de las drogas provino de una escalada entre la administración Reagan a finales de la Guerra Fría que calificó a todas las actividades asociadas de «amenaza nacional» y los atentados del 9/11, propulsores del narcotráfico como agente de terrorismo. Operaciones justificadas en amenazas ideológicas (Plan Cóndor, 1968-1989) cedieron a intervenciones militares privadas en Irak y Afganistán de corte extractivo, ilustrando las diferencias operativas entre biopoder y necropoder.

La inclusión militar en la PFP y PGR durante los gobiernos de Zedillo y Fox visibilizó una presión castrense por desarrollar marcos jurídicos en actividades estratégicas aunque sin focalizar al narcotráfico como agente de subversión.[26] El reclamo

---

23 DOF, SEGOB, 1995.

24 SER, *México y Estados Unidos ante el problema de las drogas*, México, 1997, p. 122.

25 Ver Astorga, Luis, *El siglo de las drogas: del porfiriato al nuevo milenio*, México, Random House, 2016.

26 PRODH, *Poder militar: La guardia nacional y los riesgos del renovado protagonismo castrense*, México, 2021.

repentino de excepcionalidad calderonista respondió a una búsqueda de legitimidad aplicando fuerza pública violenta, un populismo punitivo[27] sustentado por el fondeo económico estadounidense de la Iniciativa Mérida —1400 millones de dólares— y una articulación jurídica ambigua entre seguridad pública y nacional.

Los efectos son nítidos en el escalamiento violento del fenómeno. Los abusos militares ante la CNDH pasaron de 367 a inicios del sexenio a 1230 en 2008 al consolidarse la estrategia y más de 8000 al final.[28] El legado: 121 683 homicidios y 30 000 desapariciones forzadas con una tasa que pasó de 10 homicidios por cada 100 mil habitantes (2000) a un 23.5 en 2011 con 250 mil desplazados, justificando el análisis estratégico desde un abuso de confianza en las decisiones del poder público.[29] En el actual sexenio de Andrés Manuel López Obrador (2018-2024), esta sigue siendo una deuda pendiente que ha sido incapaz de trascender la expresión del necropoder persistente en el aparato militar.

La última encuesta gubernamental dirigida a la relación entre cohesión social, violencia y delincuencia en un grupo muestral de 12 a 29 años en siete zonas metropolitanas,[30] involucra datos bastante reveladores de los efectos necropolíticos en la sociedad: el 71.6 % de los jóvenes mexicanos cuenta con amigos involucrados en actividades consideradas como «factores de riesgo» entre los que destacan el haber dejado de estudiar o trabajar (40.6 %), participar en pandillas violentas (7.6 %), venta de drogas (3 %) o ganar dinero participando en grupos criminales (9 %). Del factor relacionado con los jóvenes que han dejado de estudiar destaca que el 41.4 de ellos han abandonado la escuela por cuestiones

---

27 Arteaga, N., *En busca de la legitimidad: violencia y populismo pimitivo en México,* México, UACM, 2004.

28 Velázquez Moreno, A., *Desplazamiento interno por violencia en México,* México, CNDH, 2017, p. 37.

29 INEGI, 2019.

30 ECOPRED/INEGI, *Encuesta de Cohesión Social para la prevención de la violencia y la delincuencia,* 2014, agosto, 2015.

económicas y el 21.7 por falta de interés con respuestas como la inutilidad de estudiar o han sido expulsados de los planteles escolares.

V. LA INSTRUMENTACIÓN NECROPOLÍTICA MEXICANA

La guerra necropolítica es un conflicto que no se desarrolla entre dos estados soberanos sino grupos armados sin estado o bajo su máscara.[31] Líneas difusas porque el biopoder tiene expresiones jurídicas, pero el necropoder es pura excepción. La militarización calderonista operó cinco claves necropolíticas que sustentaron la continuidad del dispositivo: ambigüedad del aparato jurídico, crecimiento de una industria extractiva, desarticulación legal de la memoria histórica, construcción de una hegemonía narrativa tutelar y refuerzos negativos contrahegemónicos.

Veamos primero el aspecto jurídico. El artículo 29 de la Constitución faculta al Ejecutivo para suspender las garantías individuales frente a amenazas al estado motivadas por subversiones, invasiones o perturbaciones a la paz pública. El artículo ha sido objeto de reformas constitucionales (2011-2014) y sigue sin abordar el proceso de actuación ejecutiva que deriva en la valoración de garantías. Además, hay condiciones constitucionales debatibles. El artículo 89 subraya la facultad presidencial para usar las fuerzas armadas en objetivos de seguridad y defensa, mientras el 129 especifica que en tiempos de paz no hay más funciones militares que las asignadas previamente a la milicia. De este artículo surgió una controversia constitucional (1/96) al decreto zedillista (1995) que permitía a los secretarios de Marina y Defensa Nacional su integración al Consejo Nacional de Seguridad Pública.

31 Mbembe, Achille, *Op. Cit.*, 2011.

La resolución de la SCJN a la controversia (2000) permitió la incorporación castrense a tareas de seguridad interior en auxilio de autoridades civiles mediante petición previa y sin suspender las garantías constitucionales vinculadas a un estado de emergencia. Los límites de actuación, definidos en la resolución, fueron tergiversados con la transición abrupta de un prohibicionismo formal —política pública— a una versión bélica de la prohibición. Transición súbita que contiene costos constitucionales, es decir, la afectación, supresión, erosión o menoscabo de la normatividad a través de reglas o contraprincipios de un compromiso constitucional.[32]

Dos procesos legales se gestaron en pleno conflicto: uno, la iniciativa de Reforma a la Ley de Seguridad Nacional (2009) que buscaba extender la actuación militar en la seguridad interior, rechazada, y dos, la *Reforma en materia penal*[33] aprobada con costos constitutivos que agilizaron el sistema acusatorio, pero avalaron derechos reducidos a presuntos infractores, provocando una erosión de los sistemas penales locales frente a la voluntad federal.

El segundo punto encuadra la conexión entre narcotráfico, violencia e industria extractiva que a nivel latinoamericano data de mucho tiempo y apenas se distingue en México como indica *Iniciativa Global contra el crimen organizado transnacional.*[34] Destaca una industria ligada a esta conexión entre crimen organizado y extracción: la minería, en millones de hectáreas de suelo concesionado, tuvo un crecimiento exorbitante en exploración y explotación minera en los sexenios de Zedillo (35), Fox (25) y

---

32 Ver Barreto, A. & Madrazo, A., «Los costos constitucionales de la guerra contra las drogas: dos estudios de caso de las transformaciones de las comunidades políticas de las Américas», en *Isonomía, No. 43,* 2015.

33 DOF, Secretaría de Gobernación, 2008.

34 TGIATOC, *El crimen organizado y la minería Ilegal de oro en América Latina,* Switzerland, 2016.

Calderón (34) respecto a los gobiernos de Carlos Salinas (8.9) y Peña Nieto (9.9).[35]

El régimen calderonista otorgó 17 670 concesiones mineras en todo el territorio, anexándose a una estrategia extractiva con operaciones de seguridad, saqueo y desmantelamiento de comunidades, no solo institucionalmente sino mediante ejércitos privados y narcotraficantes.[36] El propio estado natal de Calderón Hinojosa, Michoacán, pasó de una superficie de suelo concesionada con un 6.01 % en 2004 al 18.49 % en 2011 con más de 12 transnacionales interactuantes.[37]

En América Latina existen 301 proyectos mineros involucrados en 284 conflictos por motivos de afectaciones a la salud, suelo o agua en las comunidades donde se establecen y 264 son objeto de criminalización estatal y mediática. México tiene 96 proyectos y es el segundo país latinoamericano después de Chile (112), pero tiene la proporción más alta de conflictos (58) comparándose al país andino (46) cuya criminalización asociada (9) representa el 5.1%, mientras en México todos los conflictos (100%) son criminalizados,[38] hecho que permite observar el desinterés al reconocimiento de ejecuciones extrajudiciales, desplazamientos y daños al medio ambiente emergentes de operaciones criminales, militares o paramilitares vinculadas al sector.[39]

En una guerra necropolítica, poder y paramilitarismo se funden en un abrazo de muerte y silencio, despuntando factores políticos correlativos, la aparición de empresas militares privadas como *Blackwater*, *Global Risk* y *Sky Coleman* en territorio nacional con el antecedente calderonista de oposición al ingreso de la *Con-*

---

35 NOTIMEX, 2019.

36 Lemus, Jesús, *México a cielo abierto. De cómo el boom minero resquebrajó al país,* México, Grijalbo, 2018.

37 CPDI, *Estudio de la minería en México. Un análisis comparado con Canadá*, México, SEGOB, 2013.

38 OCMAL, *Conflictos mineros en América Latina*, 2022.

39 Mastrogiovanni, Federico, *Ni vivos ni muertos. La desaparición forzada en México como estrategia de terror*, México, Random House, 2017.

vención Internacional contra el Reclutamiento, la Utilización, Financiación y Entrenamiento de Mercenarios (ONU) en 2009, previo acuerdo legislativo (2008) denegado por la cancillería, igual que intentos subsecuentes de regulación constitucional a estas empresas.[40]

Como tercer punto, la desarticulación jurídica de la memoria histórica radica en la desaparición de la *Fiscalía Especial para Movimientos Sociales y Políticos del Pasado* en 2007, iniciativa del expresidente Fox (2002) centrada en los gobiernos del periodo 1964-1982, cuyo saldo fueron 532 indiciados por crímenes, de los cuales solo el expresidente Echeverría (1976-1982) fue acusado y posteriormente exonerado en el año 2009. El informe presentado por la FEMSPP (2008)[41] distinguía la aplicación a delitos federales cometidos por servidores públicos, pero excluía tanto a grupos u organizaciones paramilitares como autoridades locales. Tampoco ofrecía la posibilidad de investigar crímenes perpetrados por grupos insurgentes con negocios o vínculos gubernamentales. La acción de esta fiscalía representó una capitulación frente a poderes locales e intereses legislativos que terminaron apoyando amnistías a criminales de guerra, mediante aseguramientos de información e inadecuaciones jurídicas.[42]

Un cuarto elemento, la consolidación discursiva de una hegemonía narrativa «cartelista» que partió del posicionamiento oficial de enfrentamiento entre grupos antagónicos y sus amenazas a la soberanía.[43] Dicho supuesto presentaba una condición simétrica entre combatientes, autoridades vs. cárteles, reproduciendo verticalmente códigos punitivos: las autoridades protegen, los narcos

---

40 Ver Santa Cruz, D., *México, indefenso ante los mercenarios*, México, Revista Forbes, 2014.

41 *Informe histórico presentado a la sociedad mexicana: Fiscalía. Serie: Genocidio y delitos de lesa humanidad. Documentos fundamentales 1968-2008*, México, Comité 68.

42 Aguayo, Sergio & Treviño, J., «Fox y el pasado. La anatomía de una capitulación», en *Foro Internacional 190*, Vol. XLVII, núm. 4, 2007.

43 Esta idea ha sido defendida por Oswaldo Zavala en *Los cárteles no existen. Narcotráfico y cultura en México*, México, Ediciones Malpaso, 2020.

son arrestados o mueren; visión concentrada en presentaciones acusatorias o mortuorias demostrativas del poder. Por ejemplo, el gobierno colombiano tuvo los denominados «falsos positivos», población civil asesinada (6402 víctimas) bajo simulación de criminalidad que el gobierno utilizó durante el periodo 2002-2008 en su conflicto contra la guerrilla con el fin de promover la imagen de las fuerzas armadas ante la opinión pública y los medios.

Correlativamente, en el caso mexicano los abusos de una narrativa con estas características se evidenciaron en la actuación del exsecretario de seguridad pública calderonista, Genaro García Luna, guiado por el espectáculo de detenciones masivas de sicarios en los medios, contrastando con la información del proceso penal de los arrestados, donde el 75 % eran liberados.[44] El asesinato de los estudiantes del ITESM por militares (2010) evidenció ante la opinión pública los «falsos positivos mexicanos», ya que los altos índices de letalidad de los operativos del Ejército y la Marina (9 asesinatos por cada baja en los primeros y 17 por una baja en los segundos) brindan una imagen verosímil de la guerra, un conflicto no mensurable en capacidad de respuesta para ambos bandos. La CNDH registró desde entonces que 1 de cada 4 quejas por violaciones a derechos humanos eran atribuidas a militares, sin que existan procesos civiles de seguimiento verificables.[45]

El gobierno intentó tutelarmente un monopolio discursivo de la guerra mediante acuerdos con medios de comunicación a través de abolicionismos (2011), regulando desde la cobertura violenta hasta expresiones populares —*narcocorridos*— cayendo en contradicciones evidentes con las imágenes denigrativas de narcos abatidos filtradas a medios como fue la exposición de Arturo Beltrán Leyva en un operativo de la Marina (2009) en clara ostentación del terror contrainsurgente y en franca contradicción con

---

44 Reyes & O´Quinn, «La comunicación gubernamental de la guerra contra el narcotráfico en México», en *Espacios Públicos*, vol. 16, núm. 36, 2013.

45 CMDPDH, *Ejecuciones extrajudiciales en el contexto de la militarización de la seguridad pública*, México, 2013.

los supuestos morales aplicados a la cultura popular en medios de comunicación tradicional.

VI. EL CULIACANAZO, HERENCIAS Y ACTORES DEL MÉXICO NECROPOLÍTICO ACTUAL

En el último aspecto abordado, partiendo de la introducción de lo imaginario del narcotráfico y el fracaso de una comunicación gobernativa, quisiera encuadrar la emergencia de una contrahegemonía narconarrativa. El necropoder llenó un espacio vacío, justicia, con un relato despolitizado, cuerpos vulnerados multiplicándose con mensajes, ajenos a los contextos y avocados al drama, posicionando las leyes, no en adyuvancia sino en oposición a la liberación del necropoder: novelas, telenovelas, series. Violencia naturalizada posfactual, cifras continuas de cárteles, asesinatos, arrestos, desapariciones, contrahegemonía del cuerpo sometido, destazado, espectral e irremediable. Rossana Reguillo[46] caracteriza esta situación como el efecto necropolítico a nivel subjetivo en el cual los imaginarios de futuro, principalmente de los jóvenes, se conectan con una narrativa que enfatiza la precariedad, el vacío y el desencanto oficial, mientras el crimen organizado se resignifica como síntesis y metáfora de una paralegalidad legítima.

Situación tan espectral como pensar que si la corrupción o la pobreza son irresolubles, por antonomasia, agentes de eliminación, narcotraficantes o extractivistas se convertirán en

---

46 «De muchas formas, en diversos escritos, he tratado de señalar que el poder del narco no estriba solamente en su capacidad de imponer un orden a través de las armas, la violencia y el miedo, sino en haberse convertido en una oferta de sentido para muchos jóvenes en condiciones de precariedad», en «Precariedad (es), necropolítica y máquinas de guerra», en Moraña, Mabel & Valenzuela Arce, José Manuel (Coords.), *Precariedades exclusiones y emergencias. Necropolítica y sociedad civil en América Latina,* México, Gedisa/UAM Iztapalapa, 2017. p. 59.

redentores desde un papel emprendedor y libertario como expresara la actriz Kate del Castillo en su comunicación con Joaquín *el Chapo* Guzmán.[47] Ilusión de un necropoder que abarca desde fiscalías y procuradurías que encubren o justifican lo inverosímil a gerentes mineros recurriendo al paramilitarismo. En este sentido es perceptible la reproducción de utopías neorreaccionarias de apelación a un elitismo oligárquico desde las cuales un gobierno económicamente efectivo se legitimaría a sí mismo sin necesidad de instrumentos democráticos como las elecciones.[48]

El 17 de octubre de 2019, en Culiacán, Sinaloa, se presentó una expresión más de la cultura necropolítica mexicana. Ese día más de treinta efectivos del Ejército mexicano y la Guardia Nacional rodearon un inmueble donde procedieron a la detención de Ovidio Guzmán López, hijo del famoso narcotraficante Joaquín *el Chapo* Guzmán. Para evitar la detención, los sicarios e integrantes de la organización criminal recurrieron a una forma hasta entonces inédita en el imaginario social urbano del mexicano, la dispersión de sus integrantes en distintos puntos de la ciudad para

---

[47] El inverosímil tuit de la actriz en medio de la situación entre la entrevista con el actor Sean Penn y la revista *Rolling Stone* utilizado como atractor fue muy elocuente: «Hoy creo más en 'El Chapo' Guzmán, que en los gobiernos que me esconden verdades, aunque sean dolorosas; quienes esconden la cura para el cáncer, el sida, etc. para su propio beneficio y riqueza», puntualizando. «Sr. Chapo, ¿no estaría padre que empezar a traficar con el bien?».

[48] Tal es el ejercicio necropolítico de la nueva derecha auspiciada por la psicopolítica digital, la combinación de un viejo cadáver ultraliberal llamado economía austriaca y los delirios novelescos de Ayn Rand bajo la propaganda «libertaria» cuya aspiración es el ejercicio de un poder sin estado, vacío de solidaridad y orgulloso de la desigualdad como un factor de operación y descarte de cuerpos y personas. Ver Stefanoni, Pablo, *¿La rebeldía se volvió de derecha?*, Argentina, Siglo XXI, 2021.

atacar desde las familias de las fuerzas armadas del estado hasta la población civil cercana.[49]

El objetivo era impedir la captura de uno de los vástagos del preso y extraditado Chapo Guzmán, hecho que representó uno de los episodios más lamentables para la organización policial de las autoridades federales y para los sinaloenses que enfrentaron tanto el infortunio de encontrarse en medio de la refriega como la difusión de mensajes que ponían en juego la integridad de todos al azar si la detención del capo procedía. Habíamos conocido un tipo de violencia anclada a la vindicación popular hace 18 años ilustrada por los medios como «la noche de Tláhuac» pero la sociedad sinaloense tan decidida al traslape y solapamiento en muchas de las conductas y elementos de la narconarrativa: valentía, justicia y territorialismo identitario enfrentaron un drama inédito en su capital, los héroes populares de los corridos harán su voluntad sobre todos al costo que sea.

Esta indiferencia radical incluso de quienes aún guardaban una imagen de los narcotraficantes como portavoces de una actitud centrada en la protección territorial pero solidaria y patriarcal con sus coterráneos, se encontró rápidamente con ese complemento de la excepción, el estado de sitio que sujeta las poblaciones a una generalidad indiferenciada.[50] Todos los espacios, la universidad privada más cara o la plaza del municipio más pobre del país, pueden, en algún momento, alimentar una cadena de excepciones ciudadanas sometibles a fuerza letal indiscriminada. Esta fuerza proviene del Estado o de los heroicos productores de opiáceos que tienen en la gestión de

---

49 La SEDENA oficializó la generación de 19 bloqueos con 42 vehículos con una participación estimada entre 700 y 800 integrantes del llamado cártel de Sinaloa y las autoridades con 350 elementos. Algunos de estos últimos fueron incluso objeto de un ataque directo a sus familias en una de las unidades habitacionales de la SEDENA a manera de chantaje.

50 Mbembe, Achille, *Op. Cit.*, 2011, p. 64.

su cadena de mando un aspecto primordial de la conservación del negocio y, sin ninguna duda, ante las interferencias.

La constante desaparición de periodistas, mujeres, campesinos, migrantes o estudiantes culmina no en la certeza de una amenaza a la seguridad castigada —promesa calderonista— sino al revés, una bifurcación del Estado y agentes privados contemplando como el lenguaje espectral de lo fragmentario reproduce desde Villas de Salvárcar, Tepic, San Fernando, Torreón (2010), Sabino Gordo (2011), Casino Royale (2011), Heaven (2013), Tlataya, Ayotzinapa (2014) o Culiacán (2019) una desrealización corporal transexenal masiva: ambigüedad legal y disolución de la memoria que muda de la exigencia justiciera a la complacencia de un mito necrófilo autoreplicante.

VII. REFERENCIAS

Agamben, G., *Homo sacer. El poder soberano y la nuda vida*, Valencia, Pre-textos, 2016.

Aguayo, S. & Treviño, J., *Fox y el pasado. La anatomía de una capitulación*, Foro Internacional 190, Vol. XLVII, núm. 4, 2007, pp. 709-739.

Arteaga, N., *En busca de la legitimidad: violencia y populismo pimitivo en México*, México, UACM, 2004.

Astorga, L., *El siglo de las drogas: del porfiriato al nuevo milenio*, México, Random House, 2016.

Barreto, A. & Madrazo, A., «Los costos constitucionales de la guerra contra las drogas: dos estudios de caso de las transformaciones de las comunidades políticas de las Américas», en *Isonomía*, No. 43, 2015, pp. 151-193.

Brandes, S., «Sugar, Colonialism, and Death: On the Origins of Mexico's Day of the Dead», en *Comparative Studies in Society and History* 39, núm. 2, 1997.

Carpenter, T. G., *Bad Neighbor Policy: Washington's Futile War on Drugs in Latin America*, New York, Palgrave Macmillan, 2003.

CDPI, *Estudio de la Minería en México. Un análisis comparado con Canadá*, México, SEGOB, 2013.

CMDPDH, *Ejecuciones extrajudiciales en el contexto de la militarización de la seguridad pública*, 2013.

Deleuze, G & Guattari, F., *Mil mesetas. Capitalismo y esquizofrenia,* Valencia, Pre-textos, 2012.

FEMOSPP, «Informe histórico presentado a la sociedad mexicana: Fiscalía» en *Serie: Genocidio y delitos de lesa humanidad. Documentos fundamentales 1968-2008,* México, Comité 68, 2008.

Foucault, Michel, *En el nacimiento de la biopolítica,* Buenos Aires, FCE, 2007.

Foucault, Michel, *Genealogía del racismo,* Buenos Aires, Altamira, 1996.

García Canclini, N., *Consumidores y ciudadanos. Conflictos multiculturales de la globalización,* México, Random House, 2009.

Gigena, A.I., «Necropolítica. Los aportes de Mbembe para entender la violencia contemporánea», en Fuentes Díaz, Antonio (Edt.) *Necropolítica. Violencia y excepción en América Latina,* México, BUAP / ICSH Alfonso Vélez Pliego, 2012.

Gramsci, A., *Escritos políticos (1917-1933),* México, Siglo XXI, 1981.

Han, Byung-Chul, *Infocracia,* México, Taurus, 2022.

INEGI, *En Números, documentos de análisis y estadísticas, Vol.1 (15)*, México, INEGI, 2019.

Lemus, J., *México a cielo abierto. De cómo el boom minero requebrajó al país,* México, Grijalbo, 2018.

Lomnitz, C., *Idea de la muerte en México,* México, FCE, 2016.

Mastrogiovanni, F., *Ni vivos ni muertos. La desaparición forzada en México como estrategia de terror,* México, Random House, 2017.

Mbembe, A., *Necropolítica seguido sobre el gobierno privado indirecto,* España, Melusina, 2011.

Mbembe, A., *Poder, violencia y acumulación. En Fernando López Castellano. Desarrollo: crónica de un desafío permanente,* Granada, Universidad de Granada, 2007.

Monsiváis, C., «Mira muerte, no seas inhumana, notas sobre un mito tradicional e industrial», en Pomar, María Teresa, *El Dia De Los Muertos: The Life of the Dead in Mexican Folk Art* (112), Fort Worth, Tx: Modern Art Museum of Fort Worth, 1995.

Negri, A., *De la fábrica a la metrópolis,* Argentina, Editorial Cactus, 2020.

Notimex, *Conferencia mañanera* 24/12, 2019.

OCMAL, Conflictos mineros en América Latina, 2022. Obtenido de: https://mapa.conflictosmineros.net/

PRODH, *Poder militar: La guardia nacional y los riesgos del renovado protagonismo castrense,* México, PRODH, 2021.

Reguillo, Rosana, «Precariedad (es) Necropolítica y máquinas de guerra», en Moraña, Mabel & Valenzuela Arce, José Manuel (Coords.), *Precariedades exclusiones y emergencias. Necro política y sociedad civil en América Latina,* México, Gedisa/UAM Iztapalapa, 2017.

Reyes, J & O´Quinn J, «La comunicación gubernamental de la guerra contra el narcotráfico en México» en *Espacios Públicos,* vol. 16, núm. 36, 2013, pp. 55-75.

Santa Cruz, D., «México, indefenso ante los mercenarios», en *Revista Forbes,* 2014. Obtenido en: https://www.forbes.com.mx/mexico-indefenso-ante-los-mercenarios

SER, *México y Estados Unidos ante el problema de las drogas,* México, GM, 1997.

SCJN, Gaceta, TomoX. Pleno, S.J.F: P./J. 38/2000.

Stefanoni, P., *¿La rebeldía se volvió de derecha?,* Argentina, Siglo XXI, 2021.

TGIATOC, *El Crimen Organizado y la Minería Ilegal de Oro en América Latina,* Switzerland, TGIATOC, 2016.

Velázquez Moreno, A., *Desplazamiento interno por violencia en México,* México, CNDH, 2017.

Weber, M., *El político y el científico,* Buenos Aires, Alianza, 1998.

Zavala, O., *Los cárteles no existen. Narcotráfico y cultura en México,* México, Malpaso, 2020.

Destino cruel, masacres y desplazamiento forzado en San Ignacio, Sinaloa

JUAN CARLOS AYALA BARRÓN

I. INTRODUCCIÓN

En Sinaloa hemos tenido problemas de desplazamiento interno forzado a partir de los años setenta, principalmente por problemas de narcotráfico y acciones militares para combatirlos. Décadas atrás se presentaron problemas de desplazamiento por cuestiones de repartición agraria, principalmente en el sur del estado, los terratenientes contrataron el servicio de guardias armadas para desactivar movimientos agrarios que tenían como finalidad, por acato presidencial, la expropiación de tierras hacendarias para la conformación de ejidos. Quema de ranchos, expulsión de comuneros, asesinatos de líderes ejidales fueron una constante desde los años treinta en adelante. Municipios como San Ignacio, Mazatlán, Concordia y Rosario vivieron etapas difíciles por la incursión de estas guardias paramilitares cuyo objetivo era la protección de las tierras de sus patrones.

Pueblos como El Espinal, Huaracha, Piaxtla y Cabazán, pertenecientes a San Ignacio, vivieron el asedio entre el fuego y la sangre debido a los ataques de estas guardias armadas, poblaciones que se vieron en la necesidad desplazarse a otras comunidades para proteger sus vidas y sus familias. Esta situación permaneció hasta los años sesenta.

San Ignacio fue uno de esos municipios lacerados por el conflicto agrario y tuvo los primeros desplazamientos, de los cuales, en ese entonces, no se tenían estadísticas que cuantificaran el número. Sin embargo, a esa historia de desplazamientos forzados por problemas comunales continuó otra, quizá más trágica y estigmatizante que la anterior, atemperada por el tráfico de drogas, principalmente amapola y mariguana.

Los desplazamientos por tráfico de drogas tuvieron sus inicios en los años setenta, cuando empezaban a conformarse los primeros grupos criminales relacionados con la producción y comercio de estupefacientes.

Badiraguato y San Ignacio se disputaban espacios o plazas que necesitaban para aumentar su dominio en el tráfico. Esto trajo como consecuencia una serie de enfrentamientos que se anunciaron en las primeras planas de los diarios de aquel entonces. Sin embargo, los desplazamientos se dieron por pugnas internas de los propios grupos locales en cada uno de los municipios.

Al menos en San Ignacio, las pugnas originaron los primeros desplazamientos de pobladores de comunidades como Huaracha y San Juan, donde se suscitaron rencillas que culminaron con la muerte y desalojo de una importante cantidad de familias.

La llamada Operación Cóndor hizo su entrada de manera brutal en la persecución de los traficantes a través del Ejército y la Policía federal, con un operativo que se efectuó en las zonas serranas del estado para combatir la siembra y tráfico de enervantes. El beneficio fue una importante cantidad de detenidos, así como el aseguramientos y destrucción de siembras, pero también provocó el terror de la población por la forma en que se llevó acabó. Tortura, desplazamientos, despojo, violaciones y un sistema psicológico que obligó a un sinnúmero de familias a abandonar sus lugares de origen, así como sus propiedades y familias, situación que implicó un desplazamiento de comunidades enteras que tuvieron que emigrar a ciudades como Mazatlán y Culiacán y, en muchos casos, a Estados Unidos.

La Operación Cóndor llegó a Sinaloa en enero de 1977. Según información militar de la época, para abril de ese año[1] ya se habían destruido 25 000 plantíos de amapola, lo que da una idea de la magnitud adquirida en la producción de estas drogas. Una vez que tenían conocimiento de las comunidades dedicadas a este tipo de siembras, activaron los operativos de captura. En junio 24 de ese año cercaron a tres pueblos simultáneamente llevándose a una cantidad considerable de sus habitantes. El Carmen, Campanillas y San Juan fueron tomados por las autoridades. Una de las formas de sacar información a muchos de los detenidos fue introduciéndoles agua mineral con salsa picante por la nariz, así como metiendo sus cabezas en tambos de agua, golpeándolos en el abdomen con las culatas de sus rifles o pateándolos en distintas partes de su cuerpo y, en algunos casos, violando a las mujeres frente a maridos; a las señoras madres de familia las obligaban a hacer comida para ellos.

Este tipo de experiencias fueron comunes en lugares de la sierra sinaloense, ocasionando un desplazamiento obligado, pues se tenía el temor de que pudieran regresar y llevarse más gente o volvieran a sufrir el tipo de vejaciones ya padecidas... el grito de «¡pecho tierra, cabrones!» se quedó grabado en la memoria de niños, jóvenes y adultos.

En el poblado de El Carmen los tuvieron tirados en la arena todo el día; los agentes detenían a todo aquel que iba pasando a otras rancherías, los bajaban de sus vehículos y les ordenaban tirarse al suelo. Por la tarde, una lluvia interminable caía sobre todos y el arroyo pasaba sobre los cuerpos de al menos unas cien personas tiradas boca abajo mientras se escuchaban, a escasos metros, los gritos de aquellos a quienes se estaba interrogando mediante torturas. Al final del día, doce vecinos de esa comunidad fueron trasladados a Culiacán acusados de sembrar y traficar

---

1 Noroeste, *Operación Condor*, 11 de abril, 1977.

mariguana. Tres largos años de encierro duró su pena, de la cual fueron absueltos por falta de pruebas.

Sin embargo, la siembra y comercialización amainó, pero no desapareció, sino que se hizo más discreta y en menos cantidad.

Durante los años ochenta hubo un impase en esos pueblos; tras los hechos de 1977, la población tenía vivos recuerdos de lo ocurrido y muchos, sobre todo jóvenes, optaron por emigrar paulatinamente hacia Estados Unidos.

La estadística poblacional del municipio desde entonces ha ido a la baja, pues de 24 825[2] habitantes en 1980, hoy solo quedan 19 505,[3] lo que refleja un desplazamiento importante motivado por la violencia, la marginación y la pobreza, principalmente.

Un importante número de rancherías ahora se encuentran abandonadas, componiendo parte del estructurado complejo de «pueblos fantasmas». Casas abandonadas semiderruidas, escuelas sin estudiantes, milpas enmontadas, pues ya la gente casi no siembra cuando antes era el modo de vida. Aunado a esto, en los altos de la sierra sanignaciense los grupos armados han mantenido el control de algunos lugares; desde los años noventa, los enfrentamientos han dejado decenas de muertos, pues las masacres colectivas han sido una constante desde entonces.

Sin embargo, la última década ha sido la más cruenta en ese tipo de asesinatos.

---

2 INEGI, *X Censo General de Población y Vivienda, 1980. Integración Territorial del Estado de Sinaloa.* Obtenido de: http://internet.contenidos.inegi.org.mx/contenidos/productos/prod_serv/contenidos/espanol/bvinegi/productos/historicos/1290/702825415709/702825415709_1.pdf#[61,{%22name%22:%22Fit%22}]

3 Gobierno de México. Secretaría de Bienestar, *Informe anual sobre la situación de pobreza y rezago social 2022. Unidad de Planeación y Evaluación de Programas para el Desarrollo.* Disponible en: https://ceieg.sinaloa.gob.mx/documentos/InformeCONEVAL/SanIgnacio-Coneval-2022.pdf

II. HISTORIAR SAN IGNACIO A TRAVÉS DE LAS MASACRES MÚLTIPLES

El municipio de San Ignacio, a través del tiempo, ha sido escenario de varios crímenes que han enlutado a cientos de familias, esto como consecuencia de la lucha de poderes por parte del narcotráfico que desde la década de los 2000 a la actualidad se apoderó de las comunidades de la zona serrana en donde hoy solo hay abandono, tristeza y desolación.

La llamada «matanza de Ajoya» fue un detonante para que una importante cantidad de pueblos de esta zona del municipio abandonaran sus asentamientos. Un 10 de mayo de 2002 murieron catorce personas ante la incursión de un grupo delictivo, cuando la población celebraba, tranquilamente, el Día de las Madres. De entre la oscuridad de la noche surgió un grupo de gavilleros que comenzó a disparar a quienes festejaban en las afueras de sus domicilios y en las calles principales de este poblado, hasta llegar al punto donde se celebraba el baile de la comunidad. Ahí se encontraba una patrulla de la Policía Ministerial, cuyos agentes comenzaron a repeler la agresión; las autoridades identificaron al culpable de esta masacre como Ramón Gallardo Campista alias el Gato, originario de la comunidad serrana de Caballo de Arriba, en San Ignacio, y líder de las gavillas los Pintos y los Gallardos. El 21 de septiembre del 2018 fue encontrado torturado y asesinado a balazos en el entronque de la carretera México 15, a la altura del crucero a Cosalá, con un mensaje que decía «Por fin cayó Ramón Gallardo alias el Gato, tanto tiempo estuvimos tras de ti, pero a cada chango se le llega la hora y te tocó a ti. Allí está ese secuestrador que tanto daño hizo a la gente».[4]

---

4 *Rio Doce,* La leyenda de Ramón Gallardo. Obtenido en: https://riodoce.mx/2018/09/25/la-leyenda-de-ramon-gallardo-campista-el-gato/

A partir de ese día 10 de mayo de 2022, todo cambió no solo para los pobladores de Ajoya sino de todas las localidades serranas de esa sindicatura, pues se dispararon los asesinatos y secuestros que obligaron a los habitantes a vender su ganado para el pago de rescates; muchos más salieron huyendo sin llevar con ellos sus pertenencias. De la noche a la mañana perdieron el patrimonio de toda su vida, y para ellos ya nada es igual.

Gallardo Campista era uno de los criminales más buscados en Sinaloa y se encontraba prófugo desde el 2002 al considerársele culpable de la violencia en las comunidades de los altos, no solo de Sinaloa sino de parte de Durango y Nayarit.

Otro hecho fue el sucedido en Coyotitán, San Ignacio, la madrugada del día 5 de diciembre del 2008: trece hombres fueron asesinados en el camino que conduce de la carretera federal México 15 al rancho ganadero de Los Gordos. Una persona que se dirigía en su bicicleta a trabajar en horas de la madrugada se topó con la terrible escena; no se apreciaba del todo bien debido a la oscuridad, pero escuchó algunos quejidos como de alguien agonizante; lleno de temor, esperó la luz del día; un poco después de cerciorarse de que se trataba de varios cuerpos sin vida, colocados boca abajo y con las manos atadas a la espalda, se regresó al pueblo para dar aviso, creyendo que eran de trabajadores de ese rumbo.

Agentes de Seguridad Pública de San Ignacio acordonaron el área en espera del resto de las autoridades. Posteriormente, llegaron patrullas de la Policía Ministerial, Estatal y elementos del Ejército; helicópteros de la SEDENA y de la Ministerial sobrevolaron la escena y los medios informativos llegaron al lugar para cubrir la noticia.

Eran hombres de aspecto joven, bien vestidos y algunos portaban cadenas, esclavas y anillos de oro, todos presentaban el tiro de gracia. Después trascendió que habían sido bajados de un camión refrigerado Kenworth color blanco, que se encontraba estacionado a un costado de los cuerpos. Algunos vecinos señalaron que alrededor de las 04:00 horas de esa madrugada escucharon ráfagas de armas de grueso calibre. Se presume que, primeramente, después de acostarlos en fila, los fusilaron y después les dieron el tiro a cada uno, por último fueron rafagueados para estar seguros de que no quedaran con vida. Del lugar, las autoridades levantaron cerca de 200 casquillos calibre 7.62 por 39 milímetros.

Por la mañana, un tipo desconocido llegó al lugar y se identificó como familiar de algunos de ellos. Fue él quien se encargó de reconocer a once de los muertos por su nombre y a dos con los apodos el Talacho y el Chango; debajo del cuerpo de uno de ellos se localizó un arma de fuego; ninguno era de San Ignacio. Se comentaba que eran del municipio vecino de Cosalá y que habían subido a la sierra de San Ignacio a comprar droga sin la autorización debida de quienes controlaban criminalmente esa zona.

En mayo de 2014, cinco hombres fueron asesinados, entre ellos dos menores, en el lugar conocido como La Mesa Verde, ubicado en la zona serrana de Ajoya. Habían sido secuestrados antes por un grupo de hombres armados cuando se encontraban en el rancho Las Parritas. Eran originarios de la comunidad de la Ciénega; a las mujeres y niños los encerraron en una de las casas; junto con ellos se llevaron a un joven con discapacidad física por quien su madre suplicaba que lo dejaran. Posteriormente, luego de dar muerte a los cinco hombres, este fue liberado y tras caminar largas horas llegó a la sindicatura de Ajoya, donde dio aviso a algunas personas que, a su vez, alertaron a las autoridades; al sitio acudieron elementos del Ejército acompañados de agentes de la Policía Ministerial, y tras un largo día de búsqueda no dieron con los cuerpos. Al día siguiente se guiaron con el joven que sabía la ubicación y los encontraron en estado de descomposición. Ya tarde fueron bajados a la cabecera municipal.

Cuando parecía que la violencia criminal había dado un poco de tregua, el 9 de junio del 2014, los sanignacenses se despertaron con otra mala noticia: a unos cuantos metros del crucero de El Chaco, se reportó una camioneta estacionada que le escurría sangre. Tras el reporte, agentes municipales acudieron al lugar y ubicaron una pickup Silverado, color negro, y parcialmente tapados con plástico negro y cartón se podían a preciar cadáveres.

Fue a la llegada de los elementos de la Procuraduría que descubrieron que se trataba de cuerpos de varios hombres, los cuales fueron bajados uno a uno de la unidad y colocados sobre un plástico negro; en total fueron doce hombres que presentaban visibles huellas de tortura, algunos de ellos con exposición de vísceras.

Al sitio arribó una mujer que, entre lágrimas, reconoció a once, originarios de la comunidad serrana de El Guayabo. Entre ellos había tres hermanos y dos de sus hijos, el resto eran primos cercanos y se les conocía como los integrantes de la banda de «los betos o los guayaberos».

Testigos familiares comentaron después que a tres más nunca los habían encontrado. Diez de los cuerpos fueron sepultados en el panteón de la cabecera municipal, uno más en Tayoltita, Durango, y otro en la ciudad de Mazatlán.

La señora Teresa, madre de tres de ellos, abuela también de dos menores y tía de tres más asesinados en este hecho, contó la manera en que los asesinos le mostraron los cuerpos; ya los llevaban en la camioneta cuando llegaron a su casa, se estacionaron enfrente, le gritaron que ahí traían a sus hijos, se asomó y su sorpresa fue ver la troca llena de cadáveres, a quienes inmediatamente reconoció como a sus hijos y familiares. Desde allá se los trajeron hasta la carretera de San Ignacio, a cuatro horas de camino, los dejaron en el crucero de El Chaco; en un descanso abandonaron el vehículo encendido con los muertos arriba, algunos de los cuales tenían el vientre abierto. La esposa de uno de ellos reconoció a todos ante los elementos de la Ministerial, estaba sentada, desconsolada en una silla blanca frente a los doce cadáveres.

El relato de doña Teresa es muy impactante. Comentaba cómo había acudido con el asesino de sus hijos a pedirle permiso para vender unas vacas para el entierro de diez de los doce cuerpos, a lo cual accedió. Después de este hecho ya no volvió al pueblo que fue su vida. Todos abandonaron sus casas. Aún hoy quedan en pie, saqueadas y semidestruidas, y conforman otro pueblo fantasma.

Posteriormente, las autoridades le atribuyeron la masacre a Librado Gamboa, líder criminal que controlaba el territorio desde los pueblos cercanos, al este de San Ignacio, pasando por San Juan, antiguo territorio del Cochiloco, hasta la parte cercana a Tayoltita. Gamboa contaba ya con varias órdenes de aprehensión y también se le señalaba como el causante de la ola de terror que imperaba en la sierra de San Juan y ser el culpable de que varios poblados quedaran abandonados al dar muerte a decenas de personas, entre estos a algunos familiares suyos. Finalmente, fue emboscado y asesinado en junio del 2015 por el camino a Vado Hondo; su cuerpo fue videograbado después de haberle dado muerte; se escucha la voz de uno de sus asesinos: «no que no caías, perro». Fueron sus familiares quienes recogieron el cuerpo, lo sepultaron en algún lugar de la sierra hasta el momento desconocido por las autoridades, con ello la calma llegó a esa zona.

El terror que este criminal sembró por todo San Ignacio se dejó sentir por años, al menos de 2010 al 2015. Pocos arriesgaban su vida visitando el municipio. Las carreteras casi no se transitaban por temor a encontrarse con este grupo criminal.

En agosto del 2015, siete hombres fueron asesinados en el lugar conocido como El Arenal, sobre el camino que conduce a Vado Hondo. Fueron localizados dentro de una camioneta Hummer color negra. Se rumoraba que entre los muertos se encontraba el cuerpo de Librado Gamboa, jefe criminal de ese territorio, puesto que anteriormente lo habían visto desplazarse en ese vehículo, más tarde las autoridades desmintieron que se tratara de él, aunque algunos aseguran que sí iba en el vehículo, pero que alcanzó a huir herido.

Otro hecho impactante fue el asesinato de cinco jóvenes en la sindicatura de Coyotitán, el 8 de noviembre del 2015, por un grupo armado que los atacó a balazos cuando se encontraban en un puesto de hamburguesas esperando ser atendidos.

Las 11:15 de la noche marcaba el reloj, de repente la tranquilidad fue empañada por unos disparos pausados a los que le siguieron varias descargas de armas de alto poder, luego todo se tornó silencio mientras los asesinos escapaban en dos vehículos. Más tarde gritos y llantos desgarradores se escucharon de diferentes personas, en su mayoría familiares de las víctimas, entre ellas la madre de uno de los jóvenes que quedó muerto sobre una camioneta Nissan color blanco, literalmente destrozado; a un lado de él, yacía otro cuerpo. A unos metros del vehículo quedaron dos más y unos metros adelante otro joven yacía sin vida; se presume que intentó escapar. Tres de ellos eran originarios de Coyotitán, uno de Mazatlán y otros más de Agua Verde, El Rosario, este último había acudido a brindar una demostración de charrería al lienzo charro de ese lugar, deporte que le apasionaba, era un joven sano y con mucho futuro. Todos ellos habían decidido ir a cenar al término del evento sin saber que la muerte los sorprendería en la espesura de la noche. El lugar rápidamente se llenó de militares y policías municipales. Familiares de los ejecutados no paraban de llorar y gritar la muerte de los jóvenes; se aferraban a sus cuerpos cuando eran levantados por la SEMEFO; el levantamiento se alargó por varias horas más hasta que llegaron las unidades de la funeraria.

El 13 de febrero del 2016, el terror se sintió de nuevo, pues en la zona serrana de San Ignacio, al margen del río Piaxtla, en el lugar conocido como Los Brasiles, personas que se dirigían a Tayoltita, Durango, se toparon con la dantesca escena donde había sucedido una masacre, en total había trece personas sin vida: cinco mujeres y ocho hombres habían sido masacrados cruelmente. Sobre una camioneta Tacoma color blanco se encontraban diez cuerpos sin vida, dos más a un costado de una camioneta Chevrolet color blanca con redilas rojas y otro más, que tal vez intentaba huir, quedó a 200 metros de esta última unidad. Escondidos cerca del lugar de los asesinatos, la policía ministerial ubicó a dos hombres armados, el miedo se reflejaba en sus rostros, uno de ellos herido; estos fueron detenidos y trasladados a las instalaciones de la Procuraduría del Estado en Culiacán a bordo de un helicóptero de la Policía Ministerial. Según versiones de los propios familiares, quienes viajaban en la camioneta Chevrolet fueron víctimas colaterales del atentado: regresaban de Tayoltita, a donde habían acudido a vender unas cabezas de ganado y comprar leche, pañales y fertilizante para una pequeña siembra de maíz. Las otras diez víctimas de la Tacoma, cinco hombres y cinco mujeres, se dirigían hacia Tayoltita, las mujeres no pudieron ser identificadas por las autoridades, viajaban de raite y se presume que eran sexoservidoras, cinco de los varones eran originarios de la comunidad de Las Cañas (familiares del extinto Librado Gamboa), dos más de Tayoltita y otro de Ajoya. La prensa informó que estos fueron atacados desde lo alto de un cerro sin darles tiempo de reaccionar, además, otros hombres habrían disparado desde unas trincheras construidas al pie del cerro; a unos metros de ahí, dentro de un pequeño vado, se localizaron dos granadas sin detonar. De la escena del crimen se recogieron más de 400 casquillos percutidos de AR-15, de calibre 9 milímetros y AK-47, además de artefactos explosivos.

III. DESARRAIGO Y ABANDONO DE COMUNIDADES DE LAS SINDICATURAS DE AJOYA Y SAN JUAN EN SAN IGNACIO, SINALOA

A) Por el rumbo de Ajoya

Otras desgracias más han quedado marcadas en la historia de San Ignacio, como aquellas sucedidas en la zona serrana y que ocasionaron que varios pueblos quedaran abandonados. Estas tragedias y muchas más enlutaron a cientos de familias y pusieron a San Ignacio en el *ranking* de los municipios más violentos de Sinaloa.

Por decenas se cuentan las poblaciones abandonadas por causa de la violencia en la zona serrana del municipio de San Ignacio, innumerables son las historias de dolor de las personas que tuvieron que abandonar todo al salir huyendo.

Como vemos, la principal causa del desplazamiento ha sido la violencia criminal en los altos de la sierra de San Ignacio. En 16 años, la violencia ha terminado con más de cuarenta comunidades de esta parte de la zona serrana. Sin dar tregua, desde la noche del 10 de mayo del 2002, cuando un grupo de gavilleros irrumpió en un baile que se celebraba en la comunidad de Ajoya por motivo del Día de las Madres y asesinaron a doce personas inocentes de esa comunidad, tal como lo hemos descrito arriba. A partir de ese día, nada volvió a ser igual, pues se desataron hechos violentos de manera regular (principalmente secuestros, asesinatos y amenazas), los cuales ocasionaron que muchos habitantes tuvieran que abandonar sus propiedades de la noche a la mañana, llevando consigo tan solo la ropa que vestían. Algunos afirman que muchas de las viviendas abandonadas aún permanecen intactas e, incluso, hay ganado suelto, bestias de carga, gallinas, cerdos, etcétera, que han sobrevivido a la deriva, pues sus dueños no pudieron regresar por ellos y quienes se atrevieron a hacerlo murieron en el intento.

Tras esta matanza, aquella fatídica noche comenzó el desplazamiento de la mayoría de sus habitantes, pues de haber más de 800 en ellas, en el transcurso de 16 años la población fue disminuyendo al grado de que, en el año 2017, solo quedaban 80; fue a partir del 2018 que el número comenzó a restablecerse. Cifras del INEGI del último Censo de Población y Vivienda realizado en el 2020, señala que para ese entonces en Ajoya había ya 252 pobladores y actualmente se estima que llegue a 1000.

Esta masacre desencadenó también el «efecto cucaracha», pues cientos de familias de las comunidades aledañas a esa zona, la mayoría atemorizadas por los hechos violentos que provocó la masacre en mención, así como los secuestros que se suscitaron en gran número posteriormente, sumadas a la pobreza, la falta de comunicaciones y transporte, la ausencia de agua para sus cultivos, el éxodo de sus hijos para intentar estudiar, la marginación y el olvido terminaron por desplazar a los lugareños a otras comunidades con mejores oportunidades; durante un tiempo no regresaron, otras más no volvieron más.

A la fecha, de este grupo de comunidades situadas al noroeste de la cabecera municipal, 40 quedaron abandonadas y poco más de 500 familias tuvieron que salir prácticamente huyendo.

Algunas que contaban con cerca de 30 familias, al igual que el resto, quedaron durante un tiempo como pueblos fantasmas. Duranguito, Güillapa, La Ciénega, El Chilar, Jocuixtita y El Verano, el ejido California, por mencionar a algunas de ellas.

Otras, con población menor a las 20 familias, de igual manera fueron abandonadas como El Huizache, Panaltita, La Filosa, Aguines, La Cebolla, El Tocador, Los Frijolares, Rincón del Chilar, Bordontita, La Sierra, El Molino, Los Zapotitos, Caballo de Abajo, Caballo de Arriba, El Pedroso, Huerta de los Campista, El Llano, El Pino, La Tauna, La Quebrada, Oso de Abajo, Oso de Arriba, Las Jarillas, La Berenjena, Rincón del Zapote y El Ciruelar.

De todas ellas solo dos permanecieron habitadas, aunque con población muy disminuida; Ajoya, que en esa época contaba con 150 familias, llegó a quedar con solo 30 y El Carrizal con 12.

Otra localidad fue Campanillas, en donde de igual manera, las 18 familias que ahí habitaban tuvieron que dejar el poblado durante un tiempo tras ser amenazados por un grupo armado, esto sucedió en el mes de agosto de ese mismo año. Posteriormente, regresaron y ahí permanecen. Guasimillas, con seis familias, quedó abandonado por la misma razón.

En 2013, en el ejido California y anexos se perdió la tranquilidad. En julio, un grupo numeroso de gavilleros arribó al pueblo y sus habitantes corrieron asustados a esconderse.

Aquellos, que solo querían ahuyentarlos, aprovecharon y prendieron fuego a las viviendas de madera. Días después, mujeres, niños y adultos fueron trasladados desde la localidad de Las Azoteas a bordo de tres helicópteros del Gobierno del Estado hacia la cabecera municipal, desde donde cada quien tomó rumbos distintos. A la fecha habitan en dichos pueblos ocho familias de las veinte que había. En este mismo lugar, seis meses antes, habían dado muerte a dos jóvenes que se encontraban pastoreando el ganado.

Güillapa y La Ciénega, antes que El Sauz y Campanillas, fueron también desalojadas por la fuerza. La mayoría se refugió en Ajoya, un pueblo sin servicios, abandonado, donde permanecen viviendas vacías y semiderruidas, sin oportunidades de empleo, se ayudan de lo poco que el Gobierno les entrega, por ejemplo, los apoyos de los programas «65 y más» y «Prospera».

En Güillapa, las veinte familias que ahí habitaban comenzaron a emigrar en 2013, poco después de que un grupo armado mató a cinco hombres en la localidad de La Ciénega, que se ubica en los límites de San Ignacio con Cosalá. Posteriormente, en 2014, tras la muerte de un joven que había salido de su hogar a buscar unas reses, se dio el segundo éxodo: su madre, tras rescatarlo del monte, lo colocó en una carretilla, lo tapó con una cobija y fue hasta el día siguiente que autoridades acudieron a dar fe del deceso. En 2017 salieron los últimos habitantes, pues sujetos armados llegaron al poblado y quemaron una vivienda en donde supuestamente habitaba el extinto Miguel Gallardo Campista el Gato, pues iban en su búsqueda, pero este ya había huido.

El Rincón del Chilar perdió a su población en 2015, después de que en el arroyo el Colorín, cercano al poblado, sujetos desconocidos asesinaron a dos hombres, uno de ellos habitante del lugar y el otro de Ajoya. Fueron en total ocho familias las que tuvieron que emigrar hacia la cabecera municipal y, posteriormente, a otros estados de la República

El Sauz, una comunidad tranquila, tampoco se escapó. En 2017 sus veintidós familias abandonaron el poblado, hombres armados, a muy temprana hora, comenzaron a disparar desde lo alto de un cerro, la lluvia de balas alertó a los pobladores, pues a esa hora se disponían a trabajar, los estudiantes ya estaban listos para irse a la escuela y las mujeres realizaban sus labores domésticas, las balas impactaban en la barda de la escuela secundaria, las personas corrieron a refugiarse donde pudieron, y cuando al fin cesaron los disparos, salieron a ver lo ocurrido, encontrándose con una vaca y un perro sin vida, así como un potrero incendiado. Este fue el saldo del ataque, los delincuentes solo buscaban atemorizar a las personas para que abandonaran el pueblo, y así fue, pues ese mismo día salieron huyendo ante el temor de ser asesinados; afortunadamente, en 2020, retornaron dieciocho familias.

En 2018, El Platanar también tuvo su racha de violencia tras un enfrentamiento en el poblado entre grupos contrarios. 30 familias tuvieron que salir, las cuales retornaron poco después, al igual que pobladores de Campanillas y El Carrizal, poblados cercanos. En esa ocasión, un hombre fue asesinado en el crucero de Campanillas, presuntamente era un gatillero foráneo, la mayoría de la población retornó, después de haber estado refugiados con familiares en la cabecera municipal; a lo lejos se escuchaba la detonación de granadas y fusiles Barret.

La mayoría de los habitantes de todas estas localidades sobrevivían de la escasa agricultura que apenas era de subsistencia. La ganadería les daba un plus a sus vidas, pues hasta sus alejadas comunidades había quienes acudían a comprar el ganado mientras que el resto lo comercializaban en Ajoya, considerado uno de los sitios ganaderos más importantes del estado.

Tanto en Ajoya como en la cabecera municipal, se concentraban todos los pobladores de estas localidades para vender y adquirir sus mercancías. Aún los comerciantes recuerdan la época de bonanza, del auge económico que se vivía en los altos, «era un desfile de camionetas doble rodado cargadas hasta el tope de mercancía, había dinero, había trabajo, había buen ganado, pero todo se acabó» expresó un comerciante quien, como muchos más, tuvo que cerrar su negocio, pues aseguró que la economía se desplomó en un 90 %, además de sufrir un secuestro.

Otro vecino de Ajoya dijo sentir mucha tristeza al recordar cómo las personas de todos esos lugares bajaban cada día 30 de septiembre a celebrar a su santo patrono San Jerónimo de Ajoya: «era un mundo de gente, se quedaban a dormir en las calles y nada pasaba, todo era felicidad, la fiesta se alargaba tres días con los mejores grupos norteños y bandas, juegos mecánicos, jaripeos, carreras de caballos y más, quienes vivimos esa época de gloria jamás imaginamos que esto terminaría así, tan rápido y que hoy esas casonas que antes estaban llenas de vida, se estén cayendo a pedazos».[5]

Hay quienes recuerdan, llenos de nostalgia derramada hasta las lágrimas, de dolor, impotencia y rabia, el momento en que tuvieron que dejar todos sus bienes y comenzar de nuevo, pues prácticamente la vida les cambió de la noche a la mañana. Hay quienes, afortunadamente, pudieron sobresalir, aunque jamás han vuelto a su lugar de origen, pero no dejan de recordar su feliz infancia: «tan agradable que era vivir en la sierra, se vivía muy tranquilo sin preocupaciones, se nos terminaba la provisión y bajábamos a surtirnos, en tiempo de lluvia lo hacíamos para tres meses porque ya no podíamos bajar después porque crecían los arroyos, pero desgraciadamente la violencia comenzó a invadirnos y no nos quedaba de otra, o correr y salvar nuestras vidas o quedarnos y morir a manos de los gavilleros»,[6] expresó Martín Cebreros.

La violencia no terminó con la masacre del Día de las Madres, sino que continuó con los secuestros de prominentes ganaderos a quienes sus plagiarios dejaron prácticamente en la ruina al obligarlos a vender sus hatos para realizar el pago de

---

5 Entrevista a un habitante de San Jerónimo de Ajoya el día 16 de mayo de 2016.

6 Entrevista a Martín Cebreros, habitante de San Jerónimo de Ajoya, el día 16 de mayo de 2016.

rescates; aun así, hubo quienes murieron a manos de sus captores por temor de ser reconocidos y fueran a tomar venganza posteriormente.

El terror se fue extendiendo y hubo quienes, ante el temor de correr con la misma suerte, decidieron malbaratar sus animales, otros lo dejaron todo con tal de poner a salvo sus vidas y la de sus familias.

B) Por el rumbo de San Juan

La zona serrana de la sindicatura de San Juan también tuvo una racha violenta que dejó pueblos desolados. Esta zona del este del municipio fue otra de las más afectadas, pues la ola de violencia que perduró por décadas, desde los tempranos años del narcotráfico en los setenta en San Ignacio, bajo el dominio de Manuel Salcido Uzeta, el Cochiloco, hasta a la trágica época del 2010-2015 con la presencia del grupo armado liderado por Librado Gamboa, uno de los más terribles sanguinarios de los últimos tiempos por San Ignacio, provocó el éxodo de cientos de familias atemorizadas que, debido a los asesinatos individuales y colectivos, dejaron sus comunidades de arraigo. En este último periodo hubo un temor constante por la actitud beligerantemente criminal y sin piedad de Librado Gamboa. Asesinó personalmente a muchos y a quienes, por alguna razón, no les quitó la vida, los obligó a irse. Tras su muerte, varias familias retornaron a su pueblo, en donde dicen ya se puede vivir en paz.

Algunos pueblos de esta sindicatura donde se asentó el temor, el despoblamiento y la muerte han perdido una parte importante de su población. Por lo menos veintidós pueblos de los más habitados han abandonados sus comunidades para no regresar más. Destacan El Guayabo y Santa Apolonia que sumaban más de sesenta familias; otros con menor población como La Bajada, Corral de Brasil, Los Tarayes, La Caña, El Puente, El Sauz, Las Mulas, El Pinito, Las Juntas, El Espíritu, San Jerónimo, Los Mangos de la Picha, El Candelero, Las Tablas, Arroyo Seco, Arroyo Chico, Promontorio, Los Frijolares, El Toro, y Sombreretillo, que sumaban cerca de doscientas familias, han corrido con la misma suerte.

El caso de Santa Apolonia es de los más emblemáticos, pues fue de los primeros que se vieron forzados a desplazarse debido a la violencia criminal relacionada con el tráfico de drogas. En 2004 quedó en el abandono después que dieran muerte a un joven; todos recuerdan esa tarde cuando descansaban después de haber hecho limpieza del pueblo y del camino, ya que al día siguiente esperaban la visita de un candidato a la presidencia municipal, de pronto comenzaron a escuchar disparos desde la entrada del poblado; eran dos hombres con armas largas disparando a su paso, mataron un perro y causaron impactos de bala en las viviendas; buscaban a un hombre. Entraron en la casa del maestro y bajo de uno de los catres estaba escondido un joven, sobrino de quien buscaban, lo sacaron y recorrieron las casas gritando el nombre de su tío, pero al no tener respuesta, le dieron muerte. Los pobladores dijeron que estos portaban botellas de tequila y que obligaron a su víctima a tomar con ellos; posterior a esto, llegaron a una pequeña tienda y ordenaron a los dueños a que les llenaran un costal de mercancía entre alimentos y cigarros, después se alejaron. Ya al oscurecer, hombres y mujeres salieron de entre el monte. Al día siguiente, muy de mañana, el comisario partió hacia la presidencia municipal a solicitar apoyo para sacar a las familias, su petición fue escuchada y varias patrullas acudieron al lugar. Las personas, ya con su equipaje listo, temerosos y con lágrimas en su rostro, comenzaron a subir sus pertenencias a las unidades. Han pasado casi 19 años y nadie regresó, la mayoría de ellos radican en la cabecera municipal, donde llegaron sin nada, y hoy la mayoría ya cuenta con una vivienda.

El Guayabo, otro poblado de veintiún familias, se extinguió desde el 2015 tras la muerte colectiva de doce hombres de esa localidad, entre tres hermanos originarios de esta localidad. Pertenecían a la banda de los betos o guayaberos, cuya muerte se le atribuyó al extinto Librado Gamboa, quien fue asesinado en una emboscada ese mismo año. Tras estos hechos, en el cual se le atribuye la quema de algunas viviendas del referido poblado, todas las familias tuvieron que huir; estas, igual, radican en la cabecera y después de ese suceso nadie regresó.

También La Caña, lugar de donde era originario Gamboa Ruelas, se vio afectado, pues algunos de los trece ejecutados en febrero de 2016 en el margen del río Piaxtla, a la altura de Los Brasiles, eran familiares de él, por lo que varias de las familias, al verse amenazadas, decidieron iniciar el éxodo. En esa ocasión, un grupo de mujeres acudieron ante el entonces alcalde para solicitarle una unidad para trasladar sus pertenencias a Sonora, petición que fue concedida. Según estadísticas del INEGI, en el 2010 había 258 habitantes, y en el 2020, solo 52.

Un grupo mayoritario de desplazados de la sierra sanignacense se ha instalado en la cabecera municipal. Habitan las colonias de la periferia como Los Tecomates, El Pueblito, una parte de Las Azucenas del Río y la Heraclio Bernal, mejor conocida como los Lotes. La mayoría ya cuenta con vivienda propia y los servicios esenciales como agua, luz y drenaje. Su mayor carencia es el trabajo, ya que al no tener en donde sembrar o criar ganado, tienen que buscar empleos eventuales ya sea en el campo o la albañilería, lo que apenas les solventa sus necesidades básicas.

Frente a esta vorágine de desplazamientos y pueblos abandonados está sucediendo algo interesante socialmente para este municipio: de cuatro años a la fecha, no se han presentado desplazamientos sino, más bien, las familias, aunque pocas, han comenzado a retornar a sus lugares de origen, pues señalan que la vida en las ciudades no es la misma que en el campo, pues ahí nacieron y crecieron, pero por razones ajenas a ellos, tuvieron que salir a lugares desconocidos, en donde nunca pudieron habituarse.

Hay un proceso de reinserción poblacional por razones, quizá, poco entendibles; y es que la ola de violencia ha disminuido, cosa que la población no sabe si se debe a políticas públicas de atención a los marginados o a la propia aplicación de las garantías de seguridad de las soberanías ilegales que mejor prefieren asentarse en paz y no generar conflictos sociales que les ocasionen una problemática mayor con otras agrupaciones delictivas o con el Gobierno. Lo cierto es que tenemos en San Ignacio un periodo de aparente calma.

IV. CONCLUSIÓN

Los casos entrelazados del desplazamiento rural forzado y la constante ola de asesinatos visibilizan esa relación intrínseca entre los procesos sociales, políticos y culturales y la barbarie de la violencia criminal, una relación evidente de cómo un contexto social posibilita ciertos estados de violencia criminal.

Y es que, en los altos de la sierra de San Ignacio, la precariedad, la exclusión y la marginalidad no son contextos nuevos; sin embargo, la incorporación paulatina de las tecnologías de guerra llegó hasta las comunidades más alejadas, abriendo en ellas la posibilidad de agruparse y configurar micro geografías de poder defendidas en extremo.

La historia de asesinatos y secuestros en las sindicaturas de Ajoya y San Juan dejó como saldo el vaciamiento de muchas comunidades, pero cómo, por qué, en qué tiempo se estableció como sistema del orden criminal el despoblamiento sistemático es importante determinarlo, pero no como hechos aislados, distantes y ocasionales, sino verlos a la luz del horizonte histórico social que se compartieron en otras micro geografías regionales.

Algo tuvo que pasar en esa época en el contexto nacional para que fueran posibles los acontecimientos en esta sindicatura. La masificación popular del armamento de uso exclusivo del Ejército era una muestra de que otras actividades de la economía ilegal requerían de su uso. Esto no podía darse sin la permisibilidad de las instituciones de seguridad del Estado mexicano. Ejército y policías nacionales, estatales y municipales empezaban a ser evidenciados por su complicidad con los grupos delincuenciales.

En la década de 1980 a 1990 fueron públicas las conexiones entre las policías nacionales y militares con los grandes capos de la droga. La detención de Caro Quintero en 1985 destapó ese contubernio.

San Ignacio no fue la excepción. Uno de los narcotraficantes más poderosos de la época, Manuel Salcido Uzata, el Cochiloco, mantenía un control criminal sobre el municipio. Tras su muerte en 1992, los secuestros de ganaderos y agricultores empezaron a suscitarse con regularidad, principalmente en la zona ganadera más importante: Ajoya. Habría que investigar si esos hechos tuvieron relación con la gente que trabajaba con él.

De igual manera pasó con en el norte de Sinaloa. Tras la captura de Rafael Caro Quintero en 1985, los secuestros y la violencia en los municipios de El Fuerte, Sinaloa de Leyva, Guasave y Badiraguato tuvieron un auge impresionante.

Podemos decir que el éxito del tráfico ilegal de drogas supone una estabilidad económica en las familias que directa e indirectamente dependen de él, pero cuando esta actividad sufre una ruptura, como el asesinato de un líder o algún enfrentamiento entre bandas rivales, sus activos buscan otras fuentes ilegales para hacerse de recursos para el sostenimiento de la familia, entre ellos el secuestro.

A mayor estabilidad en el tráfico ilegal, mayor estabilidad en las familias y en las comunidades; e inversamente, a menor estabilidad mayor riesgo social. Las épocas de auge del narcotráfico local supusieron épocas de aparente calma.

A partir de 2002 y hasta 2015, San Ignacio sufrió una escalada de asesinatos relacionados con el narcotráfico. Coincide el inicio de esta problemática en Sinaloa con la nacionalización del crimen organizado y el inicio de la ola de violencia brutal en el país a causa de este problema. Violencia, por cierto, espectacularizada a través de los medios de comunicación y del Internet, como una forma de configuración de técnicas mediáticas para infringir el miedo. Si en 2002 Ajoya es marcado por el múltiple asesinato de 14 personas justo el día de las madres, poco después se desata la radicalización de los asesinatos en el país como resultado de la proliferación de pugnas entre los nacientes cárteles de las drogas distribuidos en la geografía nacional. En 2004, cuatro cabezas fueron arrojadas en una pista de baile en Michoacán. Ese mismo año, cuatro sicarios fueron mostrados en un video que se hizo público ante los medios, hincados e interrogados y ejecutados posteriormente. Se inicia así una modernización de las técnicas represoras y el asesinato que va de la mano con el desarrollo vertiginoso de la criminalidad en el país. Es así como San Ignacio compartió esos mecanismos de luchas del poder criminal, gestadas en contextos de:

> desafiliación, vulnerabilidad y sufrimiento social que caracterizan a la nueva marginalidad y la experiencia de un número creciente de individuos tratados como sobrantes, carentes de relevancia para la producción y el consumo, que son los ejes en torno a los que se articula la cohesión social. Los efectos del empobrecimiento y la exclusión en un entorno social más individualizado y fragmentado han propiciado una vinculación nueva e inédita de la cuestión social y la cuestión de las víctimas.[7]

¿Cómo transitar esta experiencia vital para quienes no la vivimos? ¿Cómo comunicarla? Más allá de su propia indescriptibilidad, a no ser periodística, el hecho está ahí, ha sucedido, ya forma parte de la historia no solo local, sino cotidiana; y, sin embargo, es inadmisible. Ante la evidencia de los asesinatos múltiples o colectivos, éticamente es inadmisible su normalidad.

Desde entonces pareciera que la réplica de estos asesinatos en la sierra sinaloense y en todo su territorio no ha despertado una condena del Estado mexicano o de las instituciones dedicadas a la defensa de las garantías de la vida humana, pero tampoco esa condena se ha manifestado en la sociedad civil, de quien uno pudiera esperar la respuesta crítica y de exigencia al respeto a la vida.

---

7 Zamora, José A. & Mate Reyes, Maiso Jordi, *Las víctimas como precio necesario,* España Trotta, 2016.

La violencia criminal como la de San Ignacio nos ha llevado de la mano con un desplazamiento permanente como única respuesta. No puede haber voces críticas en las comunidades rurales azotadas por la violencia, son acalladas. Solo el silencio y la huida se sobreponen a la intimidación y al asesinato.

¿Qué hacer cuando las balas se estrellan en las casas y los cuerpos de quienes allí habitan? La metralla, la mutilación, el enterramiento, la incineración del cuerpo vivo y otros brutales modos de dar la muerte se volvieron dispositivos novedosos de dominación y exterminio humano. El poder criminal terminó por dominar la geografía local y regional convirtiendo a sus habitantes en objetos prescindibles, sobrantes, carentes de relevancia social… asesinables. Esta es la marca indeleble de la vida cotidiana de las comunidades de la sierra sanignacense.

V. REFERENCIAS

Entrevista a un habitante de San Jerónimo de Ajoya el día 16 de mayo de 2016.

Entrevista a Martín Cebreros, habitante de San Jerónimo de Ajoya, el día 16 de mayo de 2016.

Gobierno de México. Secretaría de Bienestar, *Informe anual sobre la situación de pobreza y rezago social 2022. Unidad de Planeación y Evaluación de Programas para el Desarrollo.* Disponible en: https://ceieg.sinaloa.gob.mx/documentos/InformeCONEVAL/SanIgnacio-Coneval-2022.pdf

INEGI, *X Censo General de Población y Vivienda, 1980. Integración Territorial del Estado de Sinaloa.* Obtenido de: http://internet.contenidos.inegi.org.mx/contenidos/productos/prod_serv/contenidos/espanol/bvinegi/productos/historicos/1290/702825415709/702825415709_1.pdf#[61,{%22name%22:%22Fit%22}]

Noroeste, *Operación Condor,* 11 de abril, 1977.

Rio Doce, *La leyenda de Ramón Gallardo.* Obtenido en:https://riodoce.mx/2018/09/25/la-leyenda-de-ramon-gallardo-campista-el-gato/

Zamora, José A. & Mate Reyes, Maiso Jordi, *Las víctimas como precio necesario,* España Trotta, 2016.

Aproximación a la circunstancialidad del régimen de violencia en Zacatecas

GIBRÁN RAMÍREZ REYES[1]

I. INTRODUCCIÓN

2021 fue un año con máximos históricos de desaparición de personas en Zacatecas. Este delito y las circunstancias que favorecieron el desconcertante incremento sin precedentes en su incidencia han sido determinantes para que sucedan otros fenómenos igualmente alarmantes y conocidos, como el desplazamiento forzado de comunidades enteras, también en los años recientes. En el presente zacatecano, ambos fenómenos están íntimamente relacionados, pues una de las motivaciones expuestas por las familias que se han desplazado de sus comunidades de residencia han incluido el secuestro y desaparición de algún miembro de la misma familia o comunidad. Dadas las limitaciones que las fuentes y estadísticas oficiales presentan, concerté entrevistas con actores de diversos sectores para construir algunas hipótesis a partir de un análisis de las circunstancias en que se da la actual violencia zacatecana. Se trata de académicos, exfuncionarios y funcionarios actuales de gobiernos vinculados de alguna manera a la problemática de la violencia, empresarios, transportistas, propietarios de bares, políticos, etcétera.

---

1 Doctor en Ciencias Políticas y Sociales por la UNAM. Profesor de la Universidad Autónoma de Sinaloa.

Como resultado, describo y presento circunstancias del comienzo y auge de la violencia en Zacatecas por más de quince años e intento identificar, asimismo, algunas entre ellas que pueden ser determinantes en el establecimiento y continuidad del régimen de violencia desde entonces. Por la naturaleza del trabajo, ya anunciada, comienzo el análisis haciendo hincapié en la desaparición de personas. Me guían, además de las entrevistas anónimas, los trabajos y reflexiones de Rodolfo García Zamora, Alfredo Valadez y Miguel Moctezuma de la Universidad Autónoma de Zacatecas, en cuyas ideas me apoyo fuertemente. En la mayor parte de los casos, los entrevistados pidieron no ser grabados y que no se incluyeran datos que permitieran su identificación. Por eso, no puedo ser muy específico en las descripciones. Las reflexiones y clasificaciones de hechos que hago solo deben tomarse como hipótesis de investigación sujetas a su documentación posible.

II. UN PANORAMA TIRANDO DEL HILO DE LA DESAPARICIÓN DE PERSONAS

Entre los años 2000 y 2022, el *Registro Nacional de Personas Desaparecidas y No Localizadas (RNPDNO)* indica que hay en Zacatecas, a la fecha, 2908 personas desaparecidas y no localizadas de un total de 4390 reportadas (es decir, dos tercios de los reportes). Según esos mismos datos, entre 2003 y 2006 se presentaron 9 casos de quienes permanecen como desaparecidos y no localizados, con un máximo de tres reportes en 2005 y en 2006. A partir de 2007 hubo un crecimiento importante, pues se registraron 8 casos, y en 2008 la cifra se disparó a 36 personas. Desde ese año y con la excepción de 2012, la cifra presentó un incremento importante respecto del año anterior. El máximo histórico, como lo dije ya, se dio en el año de 2021 con 829 personas reportadas como desaparecidas y no localizadas hasta hoy. El incremento entre 2020 (339) y 2021 es casi del 245 %, sin precedentes en la línea del tiempo.

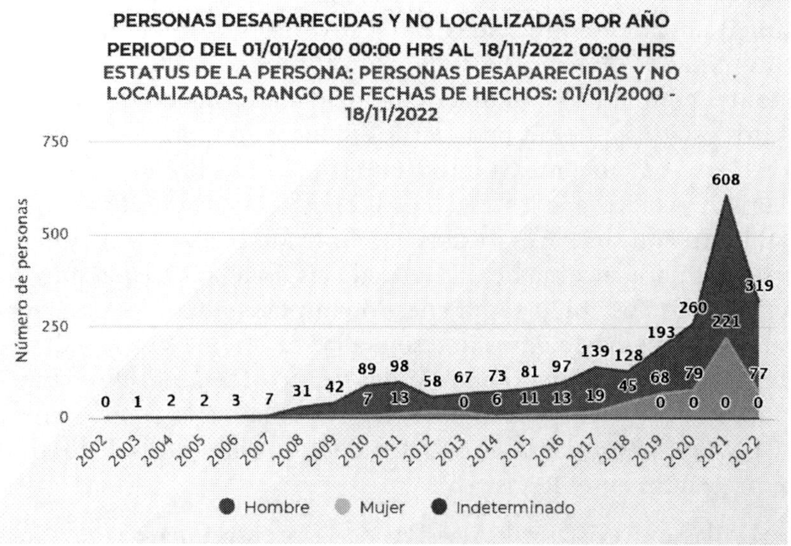

Figura 1. Fuente: Registro Nacional de Personas Desaparecidas y No Localizadas, Secretaría de Gobernación.

Zacatecas tiene 58 municipios y, tal como aparecen en el registro, la gran mayoría de las desapariciones (y personas que permanecen en el estatus de no localizados) ha sucedido en Fresnillo, Zacatecas, Guadalupe, Río Grande, Jerez, Calera, Valparaíso y Villa de Cos, cada uno con más de cien casos, y con más de trescientos en los casos de los primeros tres de la lista. De nuevo, en los primeros tres casos de la lista hay una correspondencia directa entre municipios más poblados y municipios con más desapariciones reportadas; mientras en los siguientes la situación cambia. Más poblado que Río Grande es el municipio de Pinos; más poblado que Jerez, Sombrerete; y hay más población en Loreto que en Calera, Valparaíso o Villa de Cos.[2]

---

2 Toda la información geográfica y demográfica tiene como fuente el INEGI, en su censo de 2020 y en sus sistemas de información geográfica. Obtenido de: https://cuentame.inegi.org.mx/monografias/informacion/zac/, consultado por última vez el 20 de noviembre de 2022.

Debo hacer una acotación al respecto sobre el Registro Nacional antes de continuar. El Registro ha sido frecuentemente cuestionado, pues no ha tenido uniformidad metodológica ni fuentes confiables, sino que depende de la forma en que los distintos estados quieran manejar los datos y, en la mayor parte de los casos, hay incentivos importantes para el subregistro en los datos aportados por las fiscalías, si bien la Comisión de Búsqueda, junto con sus pares locales han buscado la homologación de criterios para la carga de datos desde las fiscalías de cada uno de los estados. También se ha cuestionado la calidad de los datos, pues otras bases de datos que son, a la vez, fuente y antecedente del Registro Nacional como la del Centro Nacional de Planeación, Análisis e Información para el Combate a la Delincuencia (CENAPI) presenta datos más detallados y depurados de los que se presentan en el Registro.[3]

De las entrevistas y la revisión de la prensa puede concluirse que pueden documentarse principalmente y al menos tres tipos de desaparición forzada por el estado o por particulares. El primero es el secuestro con noticia y petición de rescate; el segundo, el asesinato con ocultamiento de cadáver, y el tercero, el reclutamiento forzado.

En materia de secuestro, Zacatecas supera tradicionalmente la media nacional. Durante 2022 tiene una tasa de .41 secuestros por cada 100 000 habitantes, igual a la Ciudad de México e inferior a los estados de Morelos (.91), Michoacán (.65) y Oaxaca (0.60), pero hubo años como 2017 en que ha ocupado el primer lugar nacional, con una tasa de 4.11 secuestros por cada 100 000 habitantes (contribuyendo con su valor muy superior a disparar

---

3 Solano, María y Franco, Alicia, «¿Dónde nos deja el nuevo registro de desaparecidos? Por qué necesitamos nuevos datos», en *Animal Político*, México, 24 de julio de 2020. Obtenido de: *https://www.animalpolitico.com/el-foco/donde-nos-deja-el-nuevo-registro-de-desaparecidos-por-que-necesitamos-microdatos/*, consultado por última vez el 20 de noviembre de 2022.

la tasa nacional a 0.93).[4] No es en este capítulo el tema de mi interés principal, pero me gustaría hacer una observación. Los datos del Secretariado del Sistema Nacional de Seguridad Pública muestran dos picos de incremento en el delito. Mientras en 2010 se habrían registrado 26 secuestros, en 2011 la cifra se habría situado en 38, para volver a 16 secuestros en 2012. Y mientras en 2016 hubo 19, estos sumaron 67 en 2017, para volver a descender los años siguientes.[5] Dichos aumentos coinciden con tiempos de guerra. En el primer caso, con la entrada del Cártel del Golfo y el desplazamiento de los Zetas y, en el segundo, con las incursiones de los Cárteles del Noreste y Jalisco Nueva Generación. Una hipótesis de trabajo es que, debido a que los tiempos de disputa son periodos de mayor gasto, las organizaciones de la violencia acceden a todas las formas de recaudación de recursos disponibles, siendo el secuestro una relativamente rápida. Para explorar dicha hipótesis habría que explorar en los datos desagregados de los llamados «secuestros extorsivos» del secretariado mismo. Sin embargo, según los testimonios recabados, algunos de personas con conocimiento directo de varios casos, la crisis de secuestros a empresarios y comerciantes comenzó en 2008, cuando Los Zetas se habían asentado plena y claramente en Zacatecas, lo que ocasionó, a su vez, un desplazamiento de empresarios medianos y grandes que migraron a San Luis Potosí, Monterrey o Aguascalientes y, en algunos casos, el abandono de negocios, tierras y casas de descanso. Durante 2021, aunque repuntaran los homicidios

---

4 Secretariado Ejecutivo del Sistema Nacional de Seguridad Pública, *Cifras de delitos y víctimas. Instrumento para el Registro, Clasificación y Reporte de Delitos y las Víctimas CNSP/38/15. Corte al 30 de septiembre de 2022.* Obtenido de: *https://www.gob.mx/sesnsp/acciones-y-programas/incidencia-delictiva-del-fuero-comun-nueva-metodologia?state=published,* consultado por última vez el 20 de noviembre de 2022.

5 Esta información puede consultarse en el capítulo «Estadística oficial, delitos de alto impacto se incrementaron», en Valadez Rodríguez, Alfredo, *La guerra de Florencia. A sangre y fuego los cárteles se disputan Zacatecas,* México, Ediciones Proceso, 1ª edición, 2021, versión electrónica.

y las desapariciones, y si bien sigue habiendo una tasa alta (1.01 por cada 100 000 habitantes) se registran muchos menos secuestros que la histórica tasa de 2017, y un descenso respecto la tasa del año inmediatamente anterior (2.10).

A su vez, el asesinato con ocultamiento de cadáver puede ser de diversos tipos, entre los que se destacan 1) las venganzas y ajusticiamientos por actos concretos —por ejemplo, un abogado que no cumplió su promesa de sacar a alguien de la cárcel, un informante que tuvo acercamientos con grupos contrarios o personas que hubieran perpetrado algún agravio en particular— y 2) un modelo de supuesta limpieza social o profilaxis, particularmente cuando se asientan nuevas organizaciones violentas en el territorio, para lo que necesitan reclutar y desplazar personal armado, operadores territoriales comerciales y vigilantes.

Entre los casos más conocidos del primer tipo se encuentra el del coronel Martín Pérez Reséndiz, quien desapareció y asesinó, con ayuda de otros 33 miembros del Ejército a 7 personas que anteriormente habían participado —encabezados por otro antiguo miembro del Ejército— en un secuestro contra él y su familia, por lo cual fueron sentenciados solo los 4 oficiales que participaron en los hechos.[6] Alfredo Valadez describe puntualmente el caso y las narrativas mediáticas alrededor suyo en el capítulo «El coronel que desapareció a siete personas» del libro *La Guerra de Florencia.* Recientemente, con las filtraciones de documentos del Ejército por el colectivo Guacamaya, se ha conocido cabildeo judicial al más alto nivel para intentar evitar que, incluso, esos militares fueran sentenciados.[7] Esta evidencia, del mismo modo que la disputa pública del subsecretario

---

6 «El coronel que desapareció a siete personas», en Valadez Rodríguez, Alfredo, *Op. Cit.*

7 Muedano, Marcos, «Guacamaya Leaks: Sedena pidió a Zaldívar 'suavizar' a jueces por delitos de militares», en *La silla rota,* México, 11 de noviembre de 2022. Obtenido de: https://lasillarota.com/nacion/2022/11/11/guacamaya-leaks-sedena-pidio-zaldivar-suavizar-

Alejandro Encinas con el Ejército en el litigio mediático, político y jurídico del llamado Caso Ayotzinapa, sugiere que hay un patrón institucional para los casos que llegan a trascender a la opinión pública y son, en consecuencia, investigados seriamente por las fiscalías. En primera instancia se excluye de responsabilidades a los participantes en los hechos, salvo por los oficiales involucrados y después se litiga duramente por todos los medios la inocencia de los oficiales. Durante los años del régimen de violencia, la presencia territorial del Ejército mexicano no ha parado de avanzar, un tema que referiré con mayor precisión más abajo, por lo que es preciso explorar esta hipótesis con las fuentes disponibles en las carpetas de investigación abiertas por desaparición forzada donde se investigue a miembros del Ejército y con los datos disponibles en la base de los papeles de la SEDENA filtrados por Guacamaya.

En el segundo tipo de asesinatos con ocultamiento de cadáver podría encontrarse también en *La Guerra de Florencia*, la forma en que Valadez nombra el enfrentamiento de un equipo armado del Cártel del Golfo con otro de Los Zetas, sucedido el viernes 20 de mayo de 2011, que tendría como saldo 67 hombres muertos, de los que las autoridades registraron únicamente 14, o en el choque entre esas dos mismas organizaciones los primeros dos días de agosto de 2013, que el gobierno de Miguel Alonso Reyes intentó ocultar infructuosamente, que tuvo como saldo 46 muertos y del que un informante del Gobierno federal dijo a *La Jornada* que «los mismos delincuentes levantaron su basura y se fueron».[8] Esos enfrentamientos fueron persistentemente ocultados por el Gobierno del Estado y esa forma de actuar se convirtió en un patrón que permitió que eso sucediera o que, bien, se subreportara casi siempre la cifra de homicidios cometidos en el terreno. Como refiero brevemente

---

jueces-por-delitos-de-militares-401304.html, consultado por última vez el 20 de noviembre de 2022.

8 «Reacción de los zetas y nuevos combates», en Valadez Rodríguez, Alfredo, *Op. Cit.*

abajo, los enfrentamientos masivos se convirtieron en norma a partir de 2011.

Hablemos ahora del reclutamiento forzado. Los testimonios y los diarios registran la práctica tanto de la invitación trabajar como del reclutamiento forzado de hombres jóvenes en comunidades serranas de los municipios de Jerez, Tepetongo, Valparaíso[9] y Villanueva.[10] Algunas familias han hecho denuncias públicas y otras no, porque confían en que sus hijos fueron reclutados y no directamente asesinados. Esa condición y la amenaza de despojo de sus viviendas y propiedades para que el Cártel Jalisco Nueva Generación (el más mencionado en esa práctica) ocupara una posición geográficamente estratégica provocó, a partir de enero de 2021 que, al menos, 2500 personas se desplazaran desde al menos 18 comunidades de Jerez y Tepetongo,[11] principalmente a la cabecera municipal, pero también a estados vecinos como Durango[12] o Aguascalientes[13]

---

9 García, Karen, «Wixárikas denuncian que son víctimas de reclutamiento forzado por parte de grupos de la delincuencia», en *La Jornada Zacatecas*, México, 2 de agosto de 2022. Obtenido de: https://ljz.mx/02/08/2022/wixarikas-denuncian-que-son-victimas-de-reclutamiento-forzado-por-parte-de-grupos-de-la-delincuencia/, consultado por última vez el 20 de noviembre de 2022.

10 Valadez Rodríguez, Alfredo, «Cárteles secuestran muchachos en Zacatecas para hacerlos sicarios», en *La Jornada*, México, 18 de agosto de 2022.

11 López Cruz, Antonio, «Desplazados de Zacatecas exigen juicio político contra el gobernador David Monreal», en *El Universal*, México, 10 de marzo de 2022. Obtenido de: https://www.eluniversal.com.mx/nacion/desplazados-de-zacatecas-exigen-juicio-politico-contra-el-gobernador-david-monreal consultado por última vez el 20 de noviembre de 2022

12 Bonilla, Yulia, «Violencia en Zacatecas 'mata' a 22 comunidades; estiman 2500 desplazados», en *La Razón*, México, 22 de febrero de 2022. Obtenido de: https://www.razon.com.mx/estados/desplazados-drama-zacatecas-471980, consultado por última vez el 20 de noviembre de 2022.

13 Bonilla Barrón, José Luis, «Llegan desplazados por violencia a Aguascalientes», en *Hidrocálido digital*, México, 23 de febrero de 2022. Obteni-

y, para quien tiene la posibilidad de hacerlo o de enviar a sus jóvenes, a los Estados Unidos, a cualquiera de los estados donde se asienta la gran comunidad migrante zacatecana.[14] Se trata de población predominantemente campesina, que al abandonar sus comunidades deja también su principal medio de vida en la siembra de frijol y durazno —miles de hectáreas han sido abandonadas—.

No se trata del único caso, pero sí del más conocido, que se suma al desplazamiento por megaproyectos mineros en Mazapil y Chalchihuites,[15] y al menos sonado desplazamiento por la violencia de los últimos años que se ha documentado en municipios como Monte Escobedo.[16] Académicos de la UAZ han calculado que el fenómeno se ha dado en hasta 50 comunidades rurales del estado. Una aproximación al estudio del fenómeno propuesta por Rodolfo García Zamora y recuperada

---

do de: https://www.hidrocalidodigital.com/llegan-desplazados-por-violencia-a-aguascalientes/, consultado por última vez el 20 de noviembre de 2022.

14 Según Marco Antonio Elías Salazar, Reyna Marisol Hernández Herrera y César Orta Valadez, la comunidad zacatecana en los Estados Unidos podría llegar, en 2018, a 1.3 millones de personas, mientras en el Censo 2020 hay 1.6 millones de habitantes en el estado. Elías Salazar, Marco Antonio; Hernández Herrera, Reyna Marisol, & Orta Valdez, César, «Escenarios de Migración el caso en el Estado de Zacatecas: Dependencia de la migración internacional como estrategia de vida», en Cruz, Rodolfo; Rieger, Ivy, & Sánchez, Martha (coordinadores), *Las ciencias sociales y la agenda nacional. Reflexiones y propuestas desde las ciencias sociales. Volumen VI. Migraciones y transmigraciones*, México, 2018, p. 333.

15 Moctezuma Longoria, Miguel, *Desplazamiento de comunidades en el estado de Zacatecas por violencia*, conferencia en el vestíbulo del Congreso de Zacatecas, 24 de junio de 2022.

16 Mejía, Irma, «Ahora sí nos van a matar. Violencia obliga a pobladores a huir de comunidades en Zacatecas», en *El Universal*, México, 27 de septiembre de 2022. Obtenido de: https://www.eluniversal.com.mx/estados/ahora-si-nos-van-matar-violencia-obliga-pobladores-huir-de-comunidades-en-zacatecas, consultado por última vez el 20 de noviembre de 2022.

por Alfredo Valadez es la del estudio del despoblamiento, que debe tomarse con cuidado, porque contiene una diversidad de fenómenos. Desde el año 2000 y hasta 2020, la mayor parte de los municipios zacatecanos no aumenta su población. Y casi dos decenas de los 58 municipios más bien la han perdido. Actualizo aquí algunos de los ejemplos que en su libro da Valadez: El Plateado de Joaquín Amaro pasó de tener 2018 habitantes a solo 1579; Valparaíso, de 35 048 a 32 461; Jiménez del Teúl, de 5235 a 4465; Atolinga, de 3199 a 2277.

El ciclo de la violencia, desde luego, alimenta otras violencias oportunistas ejecutadas mientras tienen lugar los homicidios y desapariciones, y esa violencia se reproduce con el aliciente de la impunidad. Pongo por ejemplo uno de los pocos casos de asesinato con ocultamiento de cadáver que derivó en una investigación y proceso judicial. Al concretar la investigación, se logró establecer los hechos de violencia como una venganza, y se establecieron los lazos de los asesinados con los perpetradores de ese homicidio múltiple con ocultamiento de cadáver. Solo no pudo establecerse el vínculo social o laboral entre los homicidas y una de las víctimas, una mujer joven en quien se halló evidencia de agresión sexual tumultuaria.

III. CONDICIONES GENERALES

Temporalidad y narrativas informadas. Las cifras, no solo de desaparición sino de homicidio doloso, permiten establecer que el régimen de violencia comenzó en Zacatecas durante el año de 2007 con la llegada de la organización violenta conocida como los Zetas. El primer auge de la violencia se atribuye a esa llegada y es, cuando menos, sintomático que nunca se hable de la organización previa de la violencia o las principales actividades ilegales como el tráfico de sustancias. El mundo violento de hoy empezó en 2007 cuando llegaron los Zetas y antes todo era, a decir de más de un informante, «paz, tranquilidad, confianza y hasta felicidad» (importan los términos en que se evoca ese pasado). El segundo periodo de mayor violencia se atribuye al desplazamiento parcial de los Zetas por células del Cártel del Golfo, el de Sinaloa y los talibanes, provenientes de los Zetas mismos a partir de 2011; un tercer momento del conflicto que suele narrarse es la incursión de las organizaciones llamadas Cártel del Noreste y Cártel Jalisco Nueva Generación, aproximadamente en 2017, mientras las principales disputas actuales se explican como una guerra librada principalmente entre la organización de Jalisco y la de Sinaloa, que habría comenzado en 2019. A partir de 2011, cuando sucedió la confrontación en Florencia, municipio de Benito Juárez, la primera gran derrota de los Zetas en el estado que el periodista Alfredo Valdez ha documentado en un importante libro, y hasta 2018, sucedieron al menos otros 20 enfrentamientos masivos (lo refiero más abajo), sin contar los registrados en el nuevo auge violento, lo que sin duda habrá que cuantificar en el análisis de contexto.

Durante ese tiempo ha habido cuatro gobernadores y dos alternancias partidistas: Amalia García (PRD), Miguel Alonso (PRI), Alejandro Tello (PRI) y David Monreal (MORENA).

IV. DETERMINANTES GEOGRÁFICAS

Localización. Zacatecas tiene colindancias con siete estados, dos de ellos con Estados Unidos: Coahuila, Durango, Nuevo León, San Luis Potosí, Aguascalientes, Jalisco y Nayarit. El municipio de Fresnillo se encuentra en el centro geográfico del país y el estado, por lo que es un paso práctico entre los dos océanos. Esta privilegiada condición lo vuelve atractivo como centro logístico de concentración y distribución de cualquier tipo de mercancías.

Orografía. Zacatecas tiene acceso a la Sierra Madre Oriental (del lado de Coahuila y Nuevo León) y a la Sierra Madre Occidental, y tiene también en sus regiones occidental, suroccidental, central y nororiental, mesetas y elevaciones donde se han generado auténticos campos de adiestramiento y campamentos que hacen las veces de cuarteles, que se han registrado igualmente en las zonas serranas. Las sierras y su sistema de brechas han servido para desarrollar rutas de transporte que pasen poco por carreteras, disminuyendo así la visibilidad y aumentando el control sobre el tráfico de mercancías. En su aquí multicitado libro, Valadez cuenta su propia travesía por brechas, a buena velocidad y en vehículos disponibles fuera del mercado militar, para acudir a una entrevista con la cabeza de uno de los grupos armados en el enfrentamiento de Florencia, Benito Juárez, Zacatecas. Ha habido, asimismo, eventos en que no se ha dejado descender a helicópteros de la Guardia Nacional, repelidos.

Debo añadir la determinante sociodemográfica de la dispersión poblacional. Mientras representa el 3.8 % del territorio de México, Zacatecas únicamente tiene el 1.3 % de la población, de la cual, el 63 % se ubica en alrededor de 5 municipios y el restante se distribuyen en los otros 55. La dispersión hace más cara la presencia estatal.

V. FACTORES REALES DE PODER

Para efectos de este trabajo, considero como factores reales de poder a aquellos que cuentan con recursos y capacidad de violencia suficiente para reproducir y proteger sus actividades y lucro.[17] A continuación hago una lista no exhaustiva de ellos. Empiezo por la minería y las empresas de seguridad privada. Zacatecas es el tercer estado con mayor producción minera en México, solo por detrás de Sonora y Chihuahua, pero con un territorio sensiblemente menor, de modo que es el estado con

17 Si utilizo la conocida fórmula de Lasalle es porque es muy difundida y fácilmente se entiende, no porque conciba a los factores reales de poder como agentes del plano constitucional. Si tuviera que recomendar un libro para hablar del poder sería *Power. A radical view*, de Steven Lukes.

una producción minera más intensiva.[18] Oficialmente, el 31 % del territorio zacatecano está concesionado, pues desde 2018 no se han otorgado nuevos títulos de concesión;[19] hay al menos 17 minas de 14 compañías, algunas de capital mexicano (de Grupo BAL, Frisco o Grupo México), otras de capital mixto, y otras de capital extranjero como Newmont o First Majestic. Este porcentaje no considera el territorio en el que hay permisos de exploración, diferentes a las concesiones. No solo las empresas se convierten en actores, sino que la presencia misma de ellas allí —y de los recursos naturales en el subsuelo, marcadamente de litio—[20] permite que se convierta en un área de interés para el Gobierno mexicano y el estadounidense y para sus aparatos de inteligencia, cuando menos. Recientemente, por ejemplo, los gobiernos de Zacatecas y Estados Unidos hicieron un acuerdo para buscar la pacificación del estado utilizando a los aparatos de inteligencia de Estados Unidos —lo que podría servir, a su vez, para legitimar una presencia mayor y abierta de dichos agentes en territorio zacatecano—.[21] Esa presencia declarada e investigaciones en otros países, así como la colaboración voluntaria o supuestamente involuntaria entre órganos de

---

18 Secretaría de Economía, *Portafolio de Proyectos Mineros Mexicanos*, México, edición actualizada a septiembre de 2022. Obtenido de: https://www.economia.gob.mx/files/gobmx/mineria/portafolio_de_proyectos.pdf, consultado por última vez el 20 de noviembre de 2022.

19 Servicio Geológico Mexicano, *Panorama minero del estado de Zacatecas*, México, edición 2021. Obtenido de: http://www.sgm.gob.mx/pdfs/ZACATECAS.pdf, consultado por última vez el 20 de noviembre de 2022.

20 «Proyectos de litio en Zacatecas, esto es lo que sabemos», en *Líder empresarial*, México, publicado el 20 de abril de 2022. Obtenido de: *https://www.liderempresarial.com/proyectos-de-litio-en-zacatecas-esto-es-lo-que-sabemos/*, consultado por última vez el 20 de noviembre de 2022.

21 Valadez Rodríguez, Alfredo, «Aplicarán en Zacatecas 'plan de paz' encabezado por DEA-FBI», en *La Jornada*, México, publicado el 7 de octubre de 2022. Obtenido de: *https://www.jornada.com.mx/notas/2022/10/07/politica/aplicaran-en-zacatecas-plan-de-paz-encabezado-por-dea-fbi/*, consultado por última vez el 20 de noviembre de 2022.

inteligencia y organizaciones de la violencia (sugiero recordar el operativo *Fast and Furious*), nos permiten establecer como otro actor en el terreno que debe tomarse en cuenta a los servicios de inteligencia extranjeros, con capacidad tecnológica para conocer y monitorear las determinantes geográficas expuestas más arriba.

Las compañías mineras, a su vez, han recurrido a dos tipos de protección para evitar el robo y la extorsión. La predominante han sido las empresas de seguridad privada que operan en todos los megaproyectos (algunas relacionadas con miembros de gobiernos) y eventualmente se ha recurrido también a las corporaciones gubernamentales. El control sobre las empresas de seguridad privada es tan laxo que no estamos en posibilidad de establecer, ni siquiera, el número de elementos de seguridad privada que realizan labores en el país y su proporción respecto de las fuerzas estatales. Fue famoso el caso de Guatemala, donde la fuerza de la seguridad privada quintuplicaba el total de policías en 2016.[22]

Están, también, las organizaciones de violencia usualmente conocidas como cárteles de la droga, pero que participan en varias otras actividades legales e ilegales. Estas organizaciones usualmente cuentan con una élite conformada por exmilitares mexicanos y extranjeros (se ha documentado la presencia de exkaibiles guatemaltecos) y expolicías federales. Pese al número de muertes, esas organizaciones logran reproducirse porque renuevan su fuerza de combate mediante adiestramientos masivos, mientras la élite continúa en labores dirigentes y formativas de capacidades militares.[23]

---

22 Brígida, Anna-Catherine, «Guatemala security: 'those who can afford it buy protection'», en *BBC News*, publicado el 21 de julio de 2016. Obtenido de: *https://www.bbc.com/news/business-36834477*, consultado por última vez el 20 de noviembre de 2022.

23 Esta información puede consultarse en el capítulo «La Guerra de Florencia, según el comandante F1», en Valadez Rodríguez, Alfredo, *La guerra de Florencia…*

En tercer lugar, están las fuerzas federales, particularmente el Ejército y la Guardia Nacional. La Marina se retiró del terreno a principios del gobierno de Miguel Alonso, mientras el Ejército ganaba terreno, pues se construyeron dos nuevas bases militares,[24] además de nuevos puestos de control carretero y, por lo menos, trece cuarteles de la Guardia Nacional.[25] En julio de 2022 se dijo que había casi 4800 elementos militares (de ambos, Ejército y Guardia, desplegados en el territorio zacatecano).[26] Como se ha documentado profusamente, en varias regiones del país, miembros del Ejército han intermediado en mercados ilegales, por lo que no debe descartarse, con su mayor despliegue, una mayor participación a algunos de dichos mercados.[27]

El rasgo distintivo de la violencia a partir de 2007 fue la militarización de los mercados, fundamentalmente los ilegales, pero no solo estos. Ricardo Raphael registra en su libro *Hijo de la Guerra* cómo fue la deserción masiva que dio lugar, primero, a Los Zetas, y después a varios de los ejércitos que integraron un mercado de violencia militar por fuera del estado no solo en Zacatecas sino en diferentes regiones de México.[28] A diferencia de las representaciones típicas del crimen del viejo régimen, en que el narco departía y se mezclaba con las élites políticas y la sociedad en general estableciendo relaciones de amor, amistad y compadrazgo; el estilo inaugurado desde ese año, radicalmente diferente, incluyó la proximidad física y social de los

---

24 Esta información puede consultarse en el capítulo «Fracasó la militarización en Zacatecas» de Valadez Rodríguez, Alfredo, en *La guerra de Florencia...*

25 Secretaría de Seguridad y Protección Ciudadana, «Refuerzan presencia de la guardia nacional en Zacatecas», boletín número 107, publicado el 7 de julio de 2022. Obtenido de: *https://seguridad.sspc.gob.mx/contenido/1108/refuerzan-presencia-de-la-guardia-nacional-en-zacatecas*, consultado por última vez el 20 de noviembre de 2022.

26 Mismo boletín citado arriba.

27 Coste, Jacques, «La militarización es hija de la transición», en *Nexos*, México, publicado el 4 de octubre de 2022.

28 Raphael, Ricardo, *Hijo de la guerra*, México, Seix Barral, 2019.

mandos de las organizaciones violentas, pero un acercamiento en que las relaciones asimétricas son de subordinación y las más o menos simétricas son ora de negocios, ora de confrontación militar. En ese sentido, es un estilo que puede considerarse a la vez antipolítico, militar y neoliberal de negociar con la violencia.

Al margen hay lo que podríamos llamar pequeños empresarios oportunistas de la violencia, que forman organizaciones pequeñas sin suficientes recursos ni capacidades militares que les permitan retar a las grandes organizaciones armadas, pero que parasitan el miedo producto del régimen de violencia para habitar las economías de la extorsión.

VI. RÉGIMEN DE LA VIOLENCIA Y ECONOMÍA EXTRACTIVA: HIPÓTESIS DE INVESTIGACIÓN

La ilusión suele dictarnos que llegará un fin con una especie de nueva hegemonía; una victoria total, la refundación de la soberanía y la regeneración del control de la violencia. Desde el gobierno ha llegado a expresarse la voluntad y perspectiva de que algún bando finalmente ganará y que con ello llegará la paz. En esa narrativa suele representarse al Cártel de Sinaloa como socialmente menos dañino, primero que los Zetas y ahora que el Cártel Jalisco Nueva Generación, y se da por sentado que el dominio traerá la pacificación. Nada en el proceso zacatecano parece indicar que eso sucederá. De los mercados en disputa que he alcanzado a identificar y enlistar, por lo menos los mercados de la extorsión y la seguridad privada dependen de la generación de miedo y de la existencia de amenazas creíbles. Se trata de mercados que antes estaban politizados y ahora se han militarizado y politizado solo a otro nivel, prescindiendo de actores comunitarios. La lista de mercados en los que operan las organizaciones de la violencia, que tiene que construirse minuciosamente y contrastarse incluye, por lo menos, los siguientes:

1. El mercado de la seguridad privada, donde actúan empresas formalmente constituidas y otras que no lo están, y cuyos costos y sofisticación dependen de la dimensión de las amenazas. No se trata únicamente de vigilancia o vigilancia armada, sino que muchas veces existen acuerdos entre las empresas aseguradas y organizaciones de la violencia con presencia en territorios cercanos.

2. Hay también un mercado del control de la logística que define a quién, cómo y cuándo puede utilizar rutas, brechas o, incluso, pistas clandestinas. Pueden controlarlo, en tramos, instituciones del estado y, en otros, organizaciones violentas no estatales. En su travesía para entrevistar al F1, por ejemplo, Alfredo Valdez relata cómo en ciertos tramos de una brecha, en la oscuridad, los miembros de la organización a cuyo líder iba a entrevistar, manejaban rápido, pero con las luces apagadas para evitar que los detectaran vehículos militares que patrullaban la zona. Pero hay casos donde la correlación parece ser diferente, como uno donde un grupo armado impidió el aterrizaje de un helicóptero de la Guardia Nacional.

3. Hay, asimismo, un extenso y variado mercado de la extorsión que consiste en cobrar por la posibilidad de seguir vivo (secuestro) o la posibilidad de tener la seguridad de que un ser querido está vivo (algunos casos de secuestro exprés); en extraer rentas de los recursos provenientes de las remesas o del comercio (cobro de piso), llegando al acopio forzado de productos agrícolas (lo que, aunque fue referido un par de entrevistas tendría que constatarse con testimonios directos).

4. Entre los más evidentes y más frecuentemente referidos en entrevistas se encuentra un mercado de fiestas, celebraciones y distribución de sustancias, legales e ilegales. En las zonas urbanas y suburbanas se trata de antros y bares, donde las organizaciones violentas no estatales a menudo distribuyen sustancias ilegales. En el mundo de

la minería, con la participación de personas que pertenecen a la estructura de diferentes sindicatos, se distribuyen también sustancias ilegales como el cristal. En pueblos rurales y rancherías con fuerte presencia de organizaciones violentas, estas incluso autorizan festejos de quince años, jaripeos y charreadas, donde les corresponde el monopolio de la venta de alcohol.

5. Y existe también la posibilidad, que no quiero dejar de apuntar, de un mercado ilegal del despoblamiento y ocupación de la tierra. Explico muy brevemente. Hay negocios que precisan de la libre gestión del territorio para operar correctamente. Por eso, en todo megaproyecto, la tenencia de la tierra suele ser un punto crítico para su funcionamiento. Las expropiaciones, servidumbres, ocupaciones y los litigios de los núcleos agrarios suelen atrasar trabajos de mineras o compañías energéticas por largos años. El desplazamiento —e, incluso, el exterminio de comunidades como en el funesto caso de Allende en Coahuila—, podría funcionar como un dispositivo de manipulación territorial y demográfica que forme parte de diversas cadenas de valor, no solo ser un daño colateral o una consecuencia de otras prácticas violentas en el territorio. Sin especular más al respecto, sostengo que no es una idea que deba descartarse *a priori.* Regiones del Valle del Rift en África comparten con Zacatecas, por ejemplo, la presencia de violencia y desplazamiento forzado de forma recurrente, y también la de compañías que extraen recursos naturales.

VII. UNA PROSPECTIVA DEL TRABAJO

Dadas las dificultades para el estudio de un régimen de violencia cuando este se encuentra en pleno auge, la investigación podría alimentarse, en lo inmediato y además con más entrevistas, de la comparación histórica, con casos en México y en el extranjero donde ha habido también regímenes violentos, ya sea que se hayan pacificado o no. En México, podrían estudiarse Sinaloa, Coahuila y, en el extranjero, regímenes subnacionales de violencia en el Congo, un caso en que la presencia de grandes mineras del mundo, grupos armados y el tráfico ilegal de mercancías han generado un escenario extremo de desplazamientos, desapariciones y homicidios.

VIII. UNA PROSPECTIVA APOCALÍPTICA

Tiendo a pensar que si el rumbo de las inercias continúa, como ha sido el caso en todo el país, el estado actual de Zacatecas es muy similar al que experimentarán otras zonas del país que viven, a la vez, la consolidación de un régimen de violencia que media cada vez más intercambios sociales y un proceso de desinstitucionalización de la vida pública. Ojalá que no. Pero además del proceso de despoblamiento (que implica la migración de quienes tienen posibilidades), hay una orfandad masiva por violencia que no hemos registrado con precisión, y un arrasamiento económico (porque los pequeños y grandes empresarios tienden a irse, quedando solo los gigantes) que deja ínsulas de legalidad y modernidad cada vez más acotadas y restringidas.

El proceso de militarización impulsado durante el actual gobierno puede, incluso, potenciar los regímenes de violencia y economía extractiva. La mayor participación de los militares, abiertamente, en megaproyectos y negocios públicos, tenderá a fortalecer la desigualdad (y quizá con ello la envidia) dentro del Ejército. Como sucede ya desde 2006 o 2007, los desertores de alto y bajo rango optarán por ejercer su mayor valor comercial de exmilitares en alguno de los mercados de la violencia. El círculo vicioso de la deserción militar masiva y la agudización de la violencia sigue ganando terreno sin ningún planteamiento estratégico desde el Gobierno para enfrentarlo, aun cuando desde 1985 han dejado el Ejército mexicano más de medio millón de personas (395 000 por deserción, 82 000 por baja voluntaria, 14 000 por mala conducta y 28 000 por rescisión de contrato); entre los sexenios más recientes, el de más bajas laborales fue el de Felipe Calderón con 49 000 elementos, seguido del actual que contabiliza más de 31 000 hasta este momento (escribo en noviembre de 2022), mientras en el de Peña Nieto se contaron poco más de 20 500.[29]

Una anotación final en este rosario de tragedias es que se trata de una realidad que solo puede conocerse fragmentaria y testimonialmente. Su historia fuera de la oralidad es imposible y nos encontramos entonces ante la tragedia de comunidades sin historia. Para empezar, las cifras de homicidio doloso y desaparición son muy cuestionables; primero, por la evidencia que hay sistemáticamente asesinatos con ocultamiento de cadáveres (particularmente en los enfrentamientos o topones) y, después, por los pocos incentivos y posibilidades para denunciar o reportar desapariciones en los espacios de escasa presencia de agencias del estado. Los informantes entrevistados coinciden en que, en casos de desaparición, no denunciar es la norma; denunciar, la excepción. Ni siquiera el acercamiento demoscópico puede hacerse de manera confiable. Académicos de Zacatecas del área de las Ciencias Sociales han relatado para esta investigación que han dejado de hacer trabajo de campo por la presencia de hombres con armas largas, aun cuando no buscan estudiar la violencia ni temas propios de los grupos de poder armados. ¿Cómo podríamos estar seguros de que no pase lo mismo con encuestadores del INEGI, para poner un ejemplo?

---

29 Ramos, Carlos & Piña, Gloria, «El destino de los exmilitares: discriminación, precariedad laboral y ofertas del crimen organizado», en *Corriente Alterna*, Universidad Nacional Autónoma de México, publicado el 12 de noviembre de 2022.

IX. REFERENCIAS

Bonilla Barrón, José Luis, «Llegan desplazados por violencia a Aguascalientes», en *Hidrocálido digital,* México, 23 de febrero de 2022, *https://www.hidrocalidodigital.com/llegan-desplazados-por-violencia-a-aguascalientes/*, consultado por última vez el 20 de noviembre de 2022.

Bonilla, Yulia, «Violencia en Zacatecas 'mata' a 22 comunidades; estiman 2500 desplazados», en *La Razón,* México, 22 de febrero de 2022, *https://www.razon.com.mx/estados/desplazados-drama-zacatecas-471980,* consultado por última vez el 20 de noviembre de 2022.

Brigida, Anna-Catherine, «Guatemala security: 'those who can afford it buy protection'», en *BBC News,* publicado el 21 de julio de 2016. Obtenido de: *https://www.bbc.com/news/business-36834477,* consultado por última vez el 20 de noviembre de 2022.

Coste, Jacques, «La militarización es hija de la transición», en *Nexos,* México, publicado el 4 de octubre de 2022.

Elías Salazar, Marco Antonio; Hernández Herrera, Reyna Marisol, & Orta Valdez, César, «Escenarios de migración el caso en el estado de Zacatecas: dependencia de la migración internacional como estrategia de vida», en Cruz, Rodolfo; Rieger, Ivy, & Sánchez, Martha (coordinadores), *Las ciencias sociales y la agenda nacional. Reflexiones y propuestas desde las ciencias sociales. Volumen VI. Migraciones y transmigraciones,* México, 2018.

García, Karen, «Wixárikas denuncian que son víctimas de reclutamiento forzado por parte de grupos de la delincuencia», en *La Jornada Zacatecas,* México, 2 de agosto de 2022. Obtenido de: *https://ljz.mx/02/08/2022/wixarikas-denuncian-que-son-victimas-de-reclutamiento-forzado-por-parte-de-grupos-de-la-delincuencia/,* consultado por última vez el 20 de noviembre de 2022.

García Zamora, Rodolfo, entrevista con el autor, octubre de 2022.

López, Jairo Antonio, entrevista con el autor, septiembre de 2022.

López Cruz, Antonio, «Desplazados de Zacatecas exigen juicio político contra el gobernador David Monreal», en *El Universal,* México, 10 de marzo de 2022. Obtenido de: https://www.eluniversal.com.mx/nacion/desplazados-de-zacatecas-exigen-juicio-politico-contra-el-gobernador-david-monreal consultado por última vez el 20 de noviembre de 2022.

Mejía, Irma, «Ahora sí nos van a matar. Violencia obliga a pobladores a huir de comunidades en Zacatecas», en *El Universal,* México, 27 de septiembre de 2022. Obtenido de: *https://www.eluniversal.com.mx/estados/ahora-si-nos-van-matar-violencia-obliga-pobladores-huir-de-comunidades-en-zacatecas,* consultado por última vez el 20 de noviembre de 2022.

Moctezuma Longoria, Miguel, *entrevista con el autor*, septiembre de 2022.

Moctezuma Longoria, Miguel, *Desplazamiento de comunidades en el estado de Zacatecas por violencia*, conferencia dictada en el vestíbulo del Congreso de Zacatecas, 24 de junio de 2022.

Muedano, Marcos, «Guacamaya Leaks: Sedena pidió a Zaldívar 'suavizar' a jueces por delitos de militares», en *La silla rota*, México, 11 de noviembre de 2022. Obtenido de: *https://lasillarota.com/nacion/2022/11/11/guacamaya-leaks-sedena-pidio-zaldivar-suavizar-jueces-por-delitos-de-militares-401304.html*, consultado por última vez el 20 de noviembre de 2022.

Ramos, Carlos & Piña, Gloria, «El destino de los exmilitares: discriminación, precariedad laboral y ofertas del crimen organizado», en *Corriente Alterna*, Universidad Nacional Autónoma de México, publicado el 12 de noviembre de 2022.

Raphael, Ricardo, *Hijo de la guerra*, México, Seix Barral, 2019.

Solano, María & Franco, Alicia, «¿Dónde nos deja el nuevo registro de desaparecidos? Por qué necesitamos nuevos datos», en *Animal Político*, México, 24 de julio de 2020. Obtenido de: *https://www.animalpolitico.com/el-foco/donde-nos-deja-el-nuevo-registro-de-desaparecidos-por-que-necesitamos-microdatos/*, consultado por última vez el 20 de noviembre de 2022.

Valadez Rodríguez, Alfredo, «Aplicarán en Zacatecas 'plan de paz' encabezado por DEA-FBI», en *La Jornada*, México, publicado el 7 de octubre de 2022. Obtenido de: *https://www.jornada.com.mx/notas/2022/10/07/politica/aplicaran-en-zacatecas-plan-de-paz-encabezado-por-dea-fbi/*, consultado por última vez el 20 de noviembre de 2022.

Valadez Rodríguez, Alfredo, «Cárteles secuestran muchachos en Zacatecas para hacerlos sicarios», en *La Jornada*, México, 18 de agosto de 2022.

Valadez Rodríguez, Alfredo, *La guerra de Florencia. A sangre y fuego los cárteles se disputan Zacatecas*, México, ediciones Proceso, 1ª edición, 2021, versión electrónica.

Valadez Rodríguez, Alfredo, Entrevista con el autor, agosto de 2022.

Informante anónimo número 1 (exdirigente empresarial), entrevista con el autor, agosto de 2022.

Informante anónimo número 2 (empresario del sector de centros nocturnos), entrevista con el autor, septiembre de 2022.

Informante anónima número 3 (dirigente política), entrevista con el autor, septiembre de 2022.

Informante anónimo número 4 (anterior funcionario del gobierno de Zacatecas), entrevista con el autor, septiembre de 2022.

Informante anónimo número 5 (funcionario municipal), entrevista con el autor, noviembre de 2022.

Informante anónimo número 6 (funcionario municipal), entrevista con el autor, noviembre de 2022.

INEGI (Instituto Nacional de Geografía y Estadística), *Monografía de Zacatecas.* Obtenido de: *https://cuentame.inegi.org.mx/monografias/informacion/zac/*, consultado por última vez el 20 de noviembre de 2022.

Redacción, «Proyectos de litio en Zacatecas, esto es lo que sabemos», en *Líder empresarial,* México, publicado el 20 de abril de 2022. Obtenido de: *https://www.liderempresarial.com/proyectos-de-litio-en-zacatecas-esto-es-lo-que-sabemos/*, consultado por última vez el 20 de noviembre de 2022.

Secretaría de Economía, *Portafolio de Proyectos Mineros Mexicanos,* México, edición actualizada a septiembre de 2022. Obtenido de: *https://www.economia.gob.mx/files/gobmx/mineria/portafolio_de_proyectos.pdf,* consultado por última vez el 20 de noviembre de 2022.

Secretaría de Seguridad y Protección Ciudadana, «Refuerzan presencia de la guardia nacional en Zacatecas», en *Boletín número 107,* publicado el 7 de julio de 2022. Obtenido de: *https://seguridad.sspc.gob.mx/contenido/1108/refuerzan-presencia-de-la-guardia-nacional-en-zacatecas,* consultado por última vez el 20 de noviembre de 2022.

Secretariado Ejecutivo del Sistema Nacional de Seguridad Pública, *Cifras de delitos y víctimas. Instrumento para el Registro, Clasificación y Reporte de Delitos y las Víctimas CNSP/38/15,* Corte al 30 de septiembre de 2022. Obtenido de: *https://www.gob.mx/sesnsp/acciones-y-programas/incidencia-delictiva-del-fuero-comun-nueva-metodologia?state=published,* consultado por última vez el 20 de noviembre de 2022.

Servicio Geológico Mexicano, *Panorama minero del estado de Zacatecas,* México, edición 2021. Obtenido de: *http://www.sgm.gob.mx/pdfs/ZACATECAS.pdf,* consultado por última vez el 20 de noviembre de 2022.

Los campamentos de mexicanos desplazados en Ciudad Juárez, 2019

HÉCTOR ANTONIO PADILLA DELGADO

I. INTRODUCCIÓN

Las políticas migratorias de Estados Unidos tienen efectos directos en las ciudades mexicanas fronterizas, que resienten un intenso flujo de migrantes internacionales y nacionales en busca de asilo en ese país. En Ciudad Juárez, desde finales de 2018, aumentó el ritmo de afluencia de migrantes, al grado que desde inicios del año siguiente albergues como la Casa del Migrante fueron insuficientes para darles alojamiento, por lo que el Gobierno y la sociedad civil debieron emprender acciones humanitarias urgentes. Se improvisaron espacios de acogida en gimnasios, templos y viviendas, a donde llegaron cientos de familias centroamericanas, del Caribe y de otras latitudes, así como de mexicanos procedentes de Michoacán y Guerrero. Al aeropuerto arribaban diariamente cientos de cubanos, que preferían alojarse en hoteles del centro de la ciudad. Por el río Bravo, grupos de migrantes caminaban del lado norteamericano para entregarse a la Patrulla Fronteriza.

Al inicio hubo simpatía y preocupación entre activistas de derechos humanos y funcionarios de Gobierno por lo que sucedía. Luego hubo voces de alarma y expresiones xenofóbicas, así como divergencias entre los tres niveles de Gobierno por decidir a quién correspondía atender la contingencia social emergente. Los desacuerdos dieron paso al desarrollo de mecanismos de gobernanza como la Iniciativa Juárez, conformada en mayo de 2019 por actores de la sociedad y responsables de las principales dependencias de Gobierno que ayudaron a enfrentar la contingencia migratoria. Así fue hasta de agosto de ese año cuando empezó a disminuir el flujo de migrantes internacionales como consecuencia del endurecimiento de la política de contención emprendida por el Gobierno mexicano por exigencia de Estados Unidos. Sin embargo, en septiembre emergió un nuevo reto: la llegada de una nueva oleada de migrantes, en este caso más de 3000 mexicanos desplazados procedentes de los estados de Michoacán, Guerrero y Zacatecas, que desde principios de ese mes instalaron campamentos cerca de los puentes internacionales que unen a Ciudad Juárez con El Paso, Texas (Paso del Norte o Santa Fe, Córdova-Américas o *Libre,* porque no se paga cuota, y Zaragoza o Ysleta) como una estrategia de visibilidad e intento de presión para ser recibidos por las autoridades norteamericanas mediante el mecanismo *metering,* utilizado con migrantes internacionales.

Este capítulo[1] se enfoca en la permanencia de estas personas en los campamentos entre septiembre y diciembre de 2019, un hecho que exhibe la problemática del desplazamiento forzado interno (DFI) en nuestro país y su escasa visibilidad en el contexto de las llamadas caravanas migrantes. Cuatro meses en que los actores sociales y gubernamentales locales les ofrecieron ayuda humanitaria, sobre todo alojamiento en albergues. Una ayuda que enfrentó su renuencia a alejarse del campamento por temor a perder su lugar en las listas de espera debido a la manera imprevisible con que las autoridades norteamericanas les recibían. En estos meses, el tema del desplazamiento forza-

---

[1] Entre febrero y octubre de 2019 fui funcionario en el INM y entre noviembre y agosto de 2020 asesor de la Secretaría del Trabajo, responsable de la atención a migrantes. El texto se apoya en notas personales, reportes de trabajo de empleados de Gobierno, entrevistas a actores sociales que participaron en el apoyo a los campamentos, testimonios de migrantes que allí acamparon, la revisión de artículos académicos, notas hemerográficas y una encuesta realizada por el Grupo Interdisciplinario en Temas Migratorios (GITM) en octubre y noviembre de 2019. Los testimonios se refieren de manera anónima. Para evitar demasiadas referencias hemerográficas al pie de página, se anexa una selección de notas al final de la bibliografía.

do interno (DFI), apenas tratado por los actores locales, ocupó el centro de la agenda humanitaria. El texto se divide en cinco partes. La primera, a manera de contexto, refiere algunos estudios sobre el desplazamiento interno forzado (DFI) a nivel nacional y en Ciudad Juárez. La segunda esboza una crónica de los campamentos y de la respuesta de los actores sociales y gubernamentales, que muestra algunos dilemas y dificultades para gestionar la situación. La tercera describe el perfil de las personas por lugar de origen, edad, género y motivos para migrar y optar por llegar a Ciudad Juárez. La cuarta detalla la organización, las condiciones de salud y seguridad y la ayuda humanitaria en los campamentos. La última es un testimonio de la difícil experiencia del cruce para solicitar asilo y la poca probabilidad de conseguirlo.

II. ESTUDIOS SOBRE EL DESPLAZAMIENTO FORZADO INTERNO

Aunque desde finales de 2018 los connacionales que buscan asilo en Estados Unidos estuvieron llegando a la ciudad junto con el contingente de migrantes internacionales, su presencia fue poco observada. Los mexicanos que cruzaron a ese país pasando por esta ciudad, en su gran mayoría lo hicieron a través del río, mientras que los anotados en la lista de espera fueron en una proporción cercana entre el 10 %, según el Consejo Estatal de Población (COESPO) que administraba la lista hasta el mes de agosto. En las reuniones de coordinación entre dependencias de Gobierno y de la sociedad civil, cuando se aludía a la población migrante mexicana era en referencia a los repatriados. La presencia de la migración de nacionalidad mexicana, sin embargo, no pasó desapercibida para la mirada académica enfocada desde tiempo atrás en el estudio de los flujos migratorios aún antes de la nueva coyuntura migratoria. Los siguientes textos nos aportan una panorámica de este fenómeno porque comparten, en su mayoría, varios aspectos: se enfocan en los derechos humanos y destacan la importancia del marco legal en el tema. Aunque algunos abordan el tema a nivel nacional, mencionan a Ciudad Juárez como un lugar receptor de desplazados; coinciden en que el DFI es *invisibilizado* por el Gobierno mexicano; enfatizan la necesidad de crear una ley que proteja a las personas desplazadas, y critican la política restrictiva del Gobierno norteamericano hacia connacionales solicitantes de asilo.

Óscar Rodríguez[2] estudia la relación entre los niveles de violencia y la migración interna en México a partir de técnicas de asociación espacial y de la matriz de origen-destino para analizar la relación de estas dos variables en distintas regiones del país durante el periodo 1995-2015 y concluye que hay una fuerte relación entre los flujos de migración interna y la violencia, siendo las regiones del Triángulo Dorado y Tierra Caliente las más afectadas por la violencia y por una tasa alta de emigración. Por otra parte, en otros tres estudios se expone la poca importancia que se le ha dado a la migración forzada interna, causada por el narcotráfico en México. El primero, de Kelly Muñoz,[3] señala la invisibilidad y las dificultades por las que atraviesan los desplazados por violencia en México debido a que este fenómeno ha ocurrido de manera esporádica y silenciosa por el miedo infundado en sus víctimas, la falta de

---

2 Rodríguez, Óscar, «¿De dónde salieron y a dónde se fueron? Migración interna de regiones de alta violencia en México en las últimas dos décadas», en *Revista EURE–Revista de Estudios Urbano* Regionales, 2022, vol. 48, núm. 144. Obtenido de: https://doi.org/10.7764/EURE.48.144.12.

3 Muñoz, Kelly G., «Invisibilización de los desplazados mexicanos, la violencia disfrazada de migración», en Muñoz, Kelly G.; Morales, Josafat & Cuevas, Héctor (coords.), *Manifestaciones políticas desde la movilización y los espacios simbólicos de poder cultural*, Editorial Universidad Santiago de Cali, 2019, pp. 209-232. Obtenido de: https://libros.usc.edu.co/index.php/usc/catalog/view/264/359/5445.

difusión y la evasión del tema por parte del Gobierno y da a conocer las pocas políticas que ha generado México en atención al desplazamiento forzado interno (DFI). El segundo, de Brenda Pérez y Monserrat Castillo,[4] se enfoca en la postura renuente del Gobierno mexicano a reconocer la problemática que implica el DFI en el país y propone dos principales problemas que dificultan su reconocimiento: «la semántica», que se refiere a la falta de una definición exacta y un fundamento en el marco legal, y «la aritmética», que se refiere a la falta de diagnósticos oficiales para identificar a las víctimas del DFI. Ana Gabriela Hernández[5] analiza los aspectos legales del DFI y los instrumentos legales que reconocen y protegen a los desplazados, así como los derechos humanos violados en este tipo de migración. Insiste en la necesidad de destinar fondos y crear la ley del DFI para tratar este fenómeno.

Respecto a la migración interna forzada en Ciudad Juárez se encuentran cuatro estudios. En el primero, María Inés Barrios,[6] con base en información de la Encuesta de Mexicanos Desplazados Solicitantes de Asilo (ENMEDESA), analiza el perfil de los desplazados internos forzados que arribaron a la ciudad en el 2019 para solicitar asilo en EE. UU. Plantea la complejidad del fenómeno y la alta transibilidad de categorías que experimentan

---

4 Pérez, Brenda & Castillo, Monserrat, «Huir de la violencia: las víctimas ocultas de la guerra en México», en *Encartes*, vol. 2, núm. 3, 2019, pp. 112-143. Obtenido de: https://www.encartesantropologicos.mx/openj/index.php/encartes/article/view/79

5 Hernández, Ana Gabriela, «¿Ha disminuido la migración de mexicanos hacia Estados Unidos?», en *Nexos*, 4/05/2022. Obtenido de: https://migracion.nexos.com.mx/2022/05/ha-disminuido-la-migracion-de-mexicanos-hacia-estados-unidos/#at_pco=jrcf-1.0&at_si=62d594cee2e22d22&at_ab=per-2&at_pos=0&at_tot=3.

6 Barrios, María Inés, «De desplazados internos a solicitantes de asilo. La complejidad del fenómeno migratorio por motivos de violencia en Ciudad Juárez, Chihuahua, México», en *Clivajes*, Revista de Ciencias Sociales, enero-junio 2021, núm. 15, pp. 104-131. Obtenido de: https://clivajes.uv.mx/index.php/Clivajes/article/view/2693.

estos migrantes, que en este caso pasa de «desplazados internos forzados» a «solicitantes de asilo. El segundo, también de esta autora,[7] es un breve artículo que trata el particular caso de Ciudad Juárez en cuanto a su experiencia con el desplazamiento forzado interno y señala las dos caras del fenómeno que esta ciudad experimentó. Por un lado, en el 2010, aproximadamente, hubo desplazamiento interno de alrededor de 115 000 juarenses debido a la violencia. Por otro lado, ha sido receptora de numerosos mexicanos desplazados que huyen de la violencia de sus lugares de origen, quienes habitualmente lo hacen hacia un lugar cercano con Estados Unidos. Asimismo, a diferencia de los demás trabajos que proponen la violencia como única causa del DFI y que esta migración no es de carácter económico, refiere la «violencia económica» como impulso para migrar y permanecer en el lugar de destino.

El tercero, de Sergio Sánchez y Patricia Ravelo,[8] a través de testimonios, aborda la situación de los desplazados forzados internos que llegaron a Ciudad Juárez durante la época de la gran violencia y propone que este fenómeno es causado por distintos tipos de violencia, entre ellas la violencia económica y que la resiliencia y la motivación económica son factores importantes para quienes deciden quedarse en la ciudad. Y en el cuarto, de Óscar Rodríguez,[9] es sobre la permanencia de 3000 personas en los

---

7 Barrios, María Inés, «Migración por violencia. Dicotomía del desplazamiento interno forzado en Ciudad Juárez», en *Nexos*, 25/03/2020. Obtenido de: https://migracion.nexos.com.mx/2020/03/migracion-por-violencia-dicotomia-del-desplazamiento-interno-forzado-en-ciudad-juarez/.

8 Sanchez, Sergio G. & Ravelo, Patricia, «Desplazados en Ciudad Juárez: Trabajo, migración, violencia y resiliencia en México», en Palermo, Hernán & Capogrossi, María, *Tratado latinoamericano de Antropología del Trabajo*, CLACSO, 2020, pp. 473-510. Obtenido de: https://www.jstor.org/stable/j.ctv1gm012v.15#metadata_info_tab_contents.

9 Rodríguez, Óscar, «Invisibilidad de los desplazamientos forzados internos y las migraciones de México en la política migratoria entre México y Estados Unidos», en Masferrer, Claudia & Pedroza, Luici

campamentos cercanos a los puentes internacionales, los problemas que enfrentaron y las acciones de apoyo de la Iniciativa Juárez. El autor plantea que la intersección de la política exterior mexicana con la política migratoria norteamericana, limita la probabilidad de que la población mexicana reciba asilo en ese país.

Por último, Samuel Schmidt y Carlos Spector[10] analizan las motivaciones de las solicitudes de asilo de mexicanos en Estados Unidos y la respuesta usualmente negativa. Consideran que esta respuesta se debe al desinterés del Gobierno estadounidense en los derechos humanos de habitantes de otros países y a la asociación con México para callar la situación de violencia en este país. El principal motivo de que las peticiones de asilo se hayan visto disminuidas considerablemente durante estos últimos años (y lo seguirán siendo) es la estricta política antiinmigrantes de EE. UU.

III. CUATRO MESES DE CAMPAMENTOS

A partir de julio de 2019, los mexicanos empiezan a tener mayor presencia en el flujo migratorio que llega a la ciudad debido al descenso rápido del cruce por el río Bravo. Es entonces cuando México fortalece los operativos de revisión para contener el flujo de migrantes internaciones con destino a los Estados Unidos.[11] Con ello creció la proporción de mexicanos y

---

(edits.), *La intersección de la política exterior con la política migratoria en el México de hoy*, El Colegio de México, 2020, pp. 55-63. Obtenido de: https://migdep.colmex.mx/publicaciones/politica-exterior-migratoria-reporte.pdf

10 Schmidt, Samuel & Spector, Carlos, «Asilo político de mexicanos en Estados Unidos. Causas y respuesta», en *Cambios Y Permanencias*, 2018, vol. 9, núm. 1, pp. 100–142. Obtenido de: https://revistas.uis.edu.co/index.php/revistacyp/article/view/8412.

11 En abril de 2019, un reporte de investigación estimó en 11 mil los migrantes que habían llegado a la ciudad. El 13 % eran mexicanas (Peña, Jesús, «La caravana de migrantes en Ciudad Juárez, 2019.

brasileños detenidos por la Patrulla Fronteriza, porque no les afectaban las medidas de contención del INM y la Guardia Nacional. En agosto esta presencia se hace más visible y, por ello, empiezan a instalarse en los puentes internacionales Santa Fe, Córdova y Zaragoza y surge información de que las autoridades del CBP reciben en la noche o madrugada a pequeños grupos de mexicanos que solicitan asilo (ver gráficas siguientes).

Gráfica 1.

Gráfica 2.

Fuentes. Gráfica 1. Elaborado con base en boletines de COESPO, Instituto Nacional de Migración y Derechos Humanos Municipio de Juárez y comunicados personales (febrero-septiembre 2019). Gráfica 2. Elaborado con base en información de la oficina de Aduanas y Protección Fronteriza (CBP, por sus siglas en inglés).[12]

Más adelante, a principios de septiembre, la presencia de mexicanos se hace claramente notoria cuando algunos deciden pernoctar en calles aledañas a los puentes internacionales. El 7 de septiembre aparece un grupo con cerca de veinte integrantes de tres familias que llegan al Puente Santa Fe. Son originarias del estado de Zacatecas. Al día siguiente, la cifra crece a cerca de cuarenta migrantes que duermen en las inmediaciones del citado puente. El lunes 9 de agosto, son ya cerca de ochenta y se detectan doscientas más en el Puente Zaragoza. Y lo mismo sucede en el puente Libre. Su presencia en las calles llamó la atención de los medios de comunicación, que cuestionaron al Gobierno federal por solo permitir el alojamiento de migrantes extranjeros en el

---

Diagnóstico y propuestas de acción. Reporte», El Colegio de la Frontera Norte, 2/05/2019. Obtenido de: https://www.researchgate.net/publication/333356648_La_caravana_de_migrantes_en_Ciudad_Juarez_2019_Diagnostico_y_propuestas_de_accion?channel=doi&linkId=5ce8415e458515712ebfbe75&showFulltext=true

12 CBP, U.S., *Border Patrol Southwest Border Apprehensions by Sector. Custom Border Protection.* Obtenido de: https://www.cbp.gov/newsroom/stats/sw-border-migration/usbp-sw-border-apprehensions.

Centro Integrador para el Migrante (CIM) Leona Vicario. Al optar por permanecer en carpas de acampar cerca de los puentes internacionales, lograron mayor visibilidad, pues además declaran a los medios que huían de la violencia en su lugar de origen y buscaban asilo en Estados Unidos.

A partir de ese momento se inicia una respuesta humanitaria por parte de la sociedad civil. La Red de Apoyo Humanitario y la Casa del Migrante piden apoyo al Grupo BETA para llevar víveres y analizar la situación. Asimismo, las autoridades de los tres niveles de gobierno buscan contacto con las autoridades del CBP para tener información sobre los posibles mecanismos que se implantarían para recibir a los connacionales. Particularmente, al Gobierno estatal y a los municipales les preocupan las implicaciones que pudiera tener este nuevo flujo de personas en busca de asilo en el personal que dedique el CBP a atenderlos y su impacto en el tiempo de espera del tránsito internacional de peatones, vehículos particulares y transporte de carga. El CBP responde que no pueden rechazar a los connacionales solicitantes de asilo, pero no pueden atenderles por falta de personal.

Las acciones de apoyo humanitario aumentan, poniendo cuidado en no intervenir o realizar acciones que pudieran interferir o violar el derecho de asilo de los mexicanos. Por ello, los organismos de la sociedad civil de Ciudad Juárez y El Paso piden al COESPO no gestionar listas o cualquier otro mecanismo que interfiera o permita conocer la identidad de los solicitantes de asilo. En una reunión realizada el 12 de septiembre, en la que participaron diversas organizaciones de la sociedad (entre otras, Red de Apoyo, Casa del Migrante, Cruz Roja Internacional, Diócesis de Juárez, Casa Anunciación e Iniciativa Juárez) y autoridades de los tres niveles de gobierno, se acuerda enfocar los esfuerzos en proporcionar ayuda inmediata (alimentos, colchonetas, primeros auxilios) y ofrecerles albergue. La Cruz Roja se compromete a hacer un diagnóstico de necesidades de salud, mientras que el CIM-Leona Vicario a llevar colchonetas y comida a los albergues diariamente.

Las organizaciones de la sociedad civil y las autoridades acuerdan insistir con autoridades de CBP para establecer un procedimiento que permita un flujo constante a los solicitantes de asilo, pues la incertidumbre motiva que rechacen alojarse en albergues por temor a perder su lugar en la lista de espera que ellas mismas administran. Según reportes, empleados de Gobierno y miembros de las organizaciones sociales de Ciudad Juárez, las personas con los primeros números de la lista se dirigían diariamente a preguntar a los agentes del CBP instalados a mitad de los puentes si serían recibidos, pero estos respondían que no estaban obligados a respetar ninguna numeración o lista e, inclusive, en ocasiones daban paso a gente recién llegada al puente que no estaba registrada en esas listas. Por ello, opinaban que la manera irregular y discrecional de administrar el cruce de solicitantes de asilo por los agentes del CBP, directa o indirectamente, provocaba la llegada de más migrantes a la ciudad. Cuando se recibían grupos grandes (hasta 100) se alimentaba el rumor de que era fácil cruzar por Ciudad Juárez, cuando la realidad es que había largos lapsos sin ningún cruce.[13]

Para el 14 de septiembre eran ya más de 500 personas apostadas en los tres puentes, cifra que se duplica en las siguientes semanas, a 900 y luego a 2000, hasta sumar más de 3000 a principios de octubre. A partir del segundo día de este mes se puso en marcha un plan de atención que involucró a los tres niveles de gobierno, la sociedad civil y empresarios para reforzar la atención a los connacionales. Las acciones contempladas eran dar orientación legal y psicológica inmediata; establecer una mesa de diálogo con los desplazados; tener una estrategia de comunicación unificada; contactar a los gobiernos de las entidades expulsoras para conocer qué ocurre en esos lugares y generar

---

13 El 17 de octubre, varios desplazados intentaron un plantón en puente Libre para exigir al CBP agilizar la entrada a Estados Unidos luego de que durante más de una semana no cruzó ningún solicitante. En respuesta, el CBP cerró el puente durante media hora, aunque argumentó que fue un simulacro antimotines rutinario.

estrategias para ayudar a las víctimas de DFI, con opciones para establecerse en otros lugares del país como Ciudad Juárez. Pero estos propósitos no se llevaron a cabo. Hubo coordinación, pero esta se redujo principalmente a la ayuda humanitaria. Por parte del Gobierno federal, sin embargo, se desplegó una brigada de Servidores de la Nación en los tres puentes internacionales integrada por empleados de la Secretaría de Bienestar, para mantener contacto con los desplazados, ofrecerles albergue y tener información oportuna sobre problemas, conflictos y amenazas a la seguridad de los campamentos. El registro diario de lo que sucedía en esos lugares fue de gran ayuda para coordinar las acciones humanitarias y para que, desde principios de octubre, las personas optaran por acudir a los albergues y alternar su estancia entre estos y los campamentos.

Durante el mes de noviembre, la cantidad de familias en los campamentos y en las listas de espera empezó a disminuir. Mermaron su voluntad, el descenso de la temperatura, el mal clima propio de la época invernal[14] y enterarse que las autoridades norteamericanas estaban regresando a personas que les rechazaron la solicitud. Unas pensaban retirarse a su lugar de origen, otras intentar el cruce irregular a Estados Unidos. El 17 de diciembre se realizó una nueva reunión entre autoridades de los tres niveles de gobierno y la sociedad civil para analizar la situación que preva-

---

14 Para enfrentar el frío, el 25 de octubre unos migrantes utilizaron ramas y la corteza árboles secos del parque El Chamizal —considerado patrimonio ecológico, cultural e histórico de la ciudad y elemento identitario de las y los juarenses— donde estaba instalado un campamento. Este hecho generó expresiones de rechazo entre la población juarense, lo que motivó un estudio que analiza la dimensión cultural de la presencia de desplazados en espacio público. La «toma del Chamizal» por los migrantes, es interpretada como una apropiación y reconversión del espacio público en lugar de refugio que refrendó los valores unión, intercambio y hermandad atribuidos a ese espacio (Ceniceros, Brenda, «Reflexiones del espacio migrante como lugar de memorias: pasos por un monumento fronterizo», en *Procesos Urbanos*, enero-junio, 2022, vol. 9, núm. 1, pp. 1-11. https://doi.org/10.21892/2422085X.560).

lecía en los campamentos donde aún había un número reducido de personas expuestas a las bajas temperaturas. En ella se acordó crear comisiones para gestionar un encuentro el CBP y solicitarle que reciba solicitantes de asilo únicamente en el puente Paso del Norte; tratar de convencer a las personas en los campamentos que vayan a los albergues; revisar las necesidades de los lugares que pudieran recibirlas; y tomar medidas ante un brote de varicela en el campamento del puente Libre.

En esa reunión, el representante del Gobierno municipal dijo tener órdenes de retirar a los ocupantes del campamento por el bien de los niños, usando la fuerza si fuera necesario. Al día siguiente, el día 18 de diciembre, aunque aún no se llevaban a cabo los acuerdos, el Gobierno municipal intentó sin éxito el desalojo de los tres campamentos argumentando la situación de los menores y la inclemencia del frío. No obstante, la presencia de desplazados siguió bajando durante los días siguientes, hasta que el 8 de enero de 2020 se levantaron los tres campamentos, luego de que las autoridades municipales hicieron un nuevo operativo para trasladar a los albergues a las pocas personas que allí permanecían. Algunos lo calificaron como «desalojo violento».

IV. ORIGEN, EDAD, GÉNERO, CONDICIÓN SOCIAL, MODO VIAJAR Y ORGANIZACIÓN INTERNA

No es fácil separar las causas de la migración, ya que violencia, pobreza y desigualdad están estrechamente asociadas y, por tanto, no puede determinarse *a priori* si una persona es migrante o desplazada, a menos que manifieste huir de la violencia. Y aunque así lo declare, la violencia puede ser solo una de las motivaciones. Esto pudo verse en el caso de la población asentada en los campamentos, cuyo perfil se estableció a través del lugar de origen, edad, género, motivos para migrar, razón para elegir Ciudad Juárez como lugar de cruce a Estados Unidos y manera en que viajaron, respuestas que fueron recabadas por medio del monitoreo de la lista de espera, testimonios, declaraciones de sus líderes a la prensa y la encuesta del GITM.

Una primera aproximación fue a mediados de septiembre, cuando se tuvo la oportunidad de revisar una lista de espera en uno de los puentes (sin nombres) que proporcionó un líder a un empleado de Gobierno. En ella había 258 personas anotadas y se indicaba el lugar de origen, sexo y edad. La mayoría provenía de los municipios de Fresnillo y Guadalupe, en Zacatecas (el 58 %); de Ciudad Hidalgo, en Michoacán (el 36 %), y de otros lugares de Chihuahua, Durango, Guerrero y Chiapas (el 6 %). Por sexo y edad, un 74 % eran mujeres y un 36 % eran menores. Y aunque era difícil establecer su condición social, los testimonios recabados permitían aventurar que, en su mayoría, eran de bajos recursos, personas dedicadas al comercio informal, la agricultura y oficios como la mecánica, albañilería y construcción. Asimismo, como motivos para llegar a Ciudad Juárez, mencionaban la violencia en sus lugares de origen, la reunificación familiar y otras razones socioeconómicas. Salían de sus hogares por el miedo a ser víctimas de secuestros, extorsión e intento de homicidio. Aunque no necesariamente sufrieron directamente una situación de violencia, decían tener conocidos o familiares que sufrieron intentos de secuestro, pago de cuotas, fueron asesinados o recibieron amenazas y extorsiones. Algunas mujeres aducían también ser víctimas de violencia doméstica. Agregaban que la elección de esta ciudad era porque contaban en ella con familia que los apoya y porque se enteraron que por ahí era más rápido el cruce a Estados Unidos. No aclaraban cómo se enteraron, pero es posible suponer que fue por grupos dedicados al tráfico humano: algunas personas originarias de Zacatecas dijeron que en sus municipios personas les aseguraron que las autoridades norteamericanas las recibirían si llegaban antes del 30 de septiembre.

Asimismo, había quienes tenían experiencia de migración a Estados Unidos y consideraban la solicitud de asilo una nueva oportunidad para intentar el cruce. Es el caso del testimonio de un hombre originario de Ciudad Hidalgo, migrante desde los 17 años y que desde entonces había cruzado sin ningún problema con ayuda de un pollero. Pero luego, a partir del 2008 empezó a aumentar el costo —la primera vez que cruzó le costó 1000 dólares y la última 3000 dólares— hasta que se elevó a 10 y 15 000 dólares, una cantidad que consideraba impagable ya que era un costo individual, no por familia. Por otra parte, aducía que la situación en su municipio mantenía en constante estrés a los habitantes, pues los narcotraficantes pedían cuota a todas las actividades que allí se desarrollaban. En su caso, dice que con sus ahorros como migrante pudo establecer un taller mecánico, una camioneta de transporte público y una tiendita de abarrotes, pero debido a las cuotas tuvo que dejar todo y salir de su comunidad para migrar a Estados Unidos y no piensa regresar a México. El testimonio de otra persona de Fresnillo, Zacatecas, también propietario de una tienda, es similar:

> No vivía bien, pero tampoco me faltaba la comida. Con esta tiendita podía atender las necesidades de la casa y me mantenía con mi esposa. Pero un día llego *la maña* a decirme que si no pagaba cuota me iban a quemar el negocio. No les hice caso y seguí abriendo como de costumbre hasta que otro día llegaron a poner aceite quemado de carro en la entrada de mi casa. Eso si ya me dio mucho miedo y decidí dejar todo. Mi familia que aún está en Zacatecas me dice que saquearon todo. Ya no sé cómo hacerle, lo que sé es que ya no puedo regresar. Antes, el pollero te garantizaba pasarte por los 2000 dólares y hasta trabajo te conseguían, ahora los precios son muy altos y eso ya no se puede pagar.[15]

Posteriormente, la encuesta ENMEDESA, realizada por el GITM a 866 personas alojadas en los tres campamentos,[16] ofrece datos más consistentes de los perfiles. Por el origen, encuentra que provenían, principalmente, de cuatro estados de la República: el 56.7 % de Michoacán, el 18.1 % de Zacatecas, el 17.1 % de Guerrero y el 3.5 % de Chiapas, y el 4.6 % de Oaxaca, Durango,

---

15 Entrevistas realizadas los días 30 y 31 de octubre de 2019 en las inmediaciones del puente Libre.

16 Publicados en medios e interpretados con detalle en Barrios, 2020, *Op. Cit.*

Nayarit, Chihuahua, entre otros. Por municipios, aparecen, además de los ya mencionados, Ciudad Hidalgo, Los Reyes, Morelia y Buenavista, en Michoacán; Fresnillo, Río Grande y Juan Aldama, en Zacatecas, y Acapulco y Chilpancingo, en Guerrero. El 54 % son mujeres, de las cuales el 52 % eran adultas y el resto menores. Específicamente, el 34 % eran menores de 10 años y el 14 % entre 10 y 17 años; el 16 % entre 18 y 24 años, el 20 % entre 25 y 34 años y el 16 % tenía 35 años o más. En cuanto a los motivos para migrar, la encuesta registró que el 43.9 % lo hacía por inseguridad (robo, delincuencia de pandillas) y el 28.3 % por violencia asociada al narcotráfico. Y acerca del motivo de la elección de esta ciudad se obtuvo que un 35 % arribó a ella por la rapidez en el cruce, dado que familiares que lograron pasar se comunicaron para avisarles que esta era la frontera más rápida para solicitar asilo; el 35.1 % se enteró por alguna persona de su comunidad; el 19.7 % por las redes sociales, y el 3.7 % por algún miembro del Gobierno municipal. Otros datos interesantes que arrojó la encuesta fueron que al momento de desplazarse dejaron un familiar de la tercera edad (en un 76.2 %) o bienes materiales como el hogar (en un 32.2 %), tierras o automóvil (un 9 %); que el 57.8 % de los adultos no sabía en qué consiste la solicitud de asilo político; un 5 % de las mujeres estaban embarazadas, con pocos meses, y que al momento de la encuesta un 57 % tenía entre 15 y 30 días de estancia en la ciudad.

V. ORGANIZACIÓN, CONDICIONES DE SALUD Y SEGURIDAD Y AYUDA HUMANITARIA

En cada puente se gestó una organización en torno al registro y cuidado de la lista de espera, que celosa y colectivamente cuidaban, para lo cual retomaron la experiencia de cruce con CBP por parte de los solicitantes de asilo internacionales desde hacía casi un año. En el listado se anotaba en orden numérico ascendente una persona por núcleo familiar o de manera individual si era el caso. Ese número asignado era el turno que debían esperar para acudir al puente internacional para ser recibidos por agentes del CBP. La lista era la base para revisar diariamente quiénes seguían presentes y descartar a los ausentes por más de una semana. En el caso del puente Paso del Norte, los domingos había una reunión general para revisar el listado y era la última oportunidad para que se presentaran los ausentes durante la semana. Una vez eliminadas los números ausentes, se rehacía la lista desde el número uno. Mecanismos similares se realizaban en los otros puentes, aunque con leves cambios. En los puentes Libre y Zaragoza solo se permitía a cada persona acumular dos faltas y a la tercera se le quitaba de la lista. Como una forma de control interno para facilitar la revisión de personas ausentes, se hacían listas por cada entidad federativa de origen.

En torno al cuidado de las listas, surgió el liderazgo de algunos individuos (principalmente de sexo masculino) que participaban en la organización de la dinámica diaria en cada campamento: resolver conflictos, gestionar ayuda alimenticia y ropa con organizaciones de la sociedad civil, dependencias de Gobierno e interactuar con los agentes del CBP apostados en la mitad de cada puente. Además, eran interlocutores con los medios de comunicación, organizan tareas de higiene como barrer diariamente la basura y la limpieza de los baños portátiles, y cuidan de la seguridad del campamento. En el puente Paso del Norte, por ejemplo, llamaban a la policía ante el hostigamiento de adictos a las drogas que buscaban instalarse en el campamento. Las y los líderes eran sustituidos en las asambleas cuando estaban próximas a cruzar a El Paso. Esta era la dinámica organizativa, aunque hubo dos casos de líderes que intentaron cobrar cuotas para registrar a las personas en la lista. Ambos fueron denunciados en asambleas y destituidos.

Los campamentos se encontraban en las calles aledañas a los puentes internacionales Paso del Norte y Zaragoza, y en parque Chamizal los apostados en el puente Libre. Las familias utilizaron carpas de acampar, cartones y lonas para resguardarse. Instalaron áreas para cocinar en braceros. En los tres campamentos, era notoria la presencia de niños y niñas y de mujeres adultas, así como de juarenses y paseños que llegaban a ofrecerles alimentos, ropa y cobijas. Había empleados de los tres niveles de Gobierno, principalmente del grupo Beta del INAMI, los Servidores de la Nación de la Secretaría de Bienestar, funcionarios del COESPO y de la oficina Derechos Humanos del municipio, entre otros. Era frecuente la presencia de activistas de diferentes organizaciones sociales y religiosas con comida y realizaban actividades recreativas y educativas para los niños y niñas. También había personal de organizaciones norteamericanas de Derechos Humanos como Las Américas, la Sociedad Hebrea de Ayuda al Inmigrante (HIAS) y la Red Católica de Inmigración Legal (CLINIC), quienes impartían asesorías sobre el proceso de asilo, lo que sucederá cuando crucen a Estados Unidos y cómo será la entrevista de miedo creíble. Temas, en fin, sobre los que había una gran ignorancia (como dejó ver la encuesta).

Había falta de agua para el consumo humano, para lavamanos y saneamiento de los baños portátiles, y era notoria la falta de depósitos y bolsas para la basura. Para el baño, la mayoría alternaba la estancia en el campamento con la renta ocasional de un cuarto de hotel o acudía a baños públicos. Debido a estas carencias, las enfermedades gastrointestinales y respiratorias eran las más frecuentes. Se presentaban brotes de piojos y alergias propias de la estación. Asimismo, había gente a la que se le detectó enfermedades comunes entre la población como la hipertensión arterial, diabetes y obesidad. Y hubo también casos excepcionales como una persona que sufrió la picadura de un alacrán, otra con problemas renales, un bebé con problemas respiratorios que fue llevado al hospital en ambulancia. En cuanto a la seguridad, los problemas más comunes eran la presencia de gente con problemas de adicción, más frecuente en los puentes Paso del Norte y Zaragoza, que cometían pequeños hurtos, buscaban instalarse en el campamento o que dejaban jeringas tiradas. Posiblemente los casos más graves fueron una balacera cercana al puente Paso del Norte, en la que fue herido un hombre que no pertenecía al campamento, pero que los atemorizó, y la denuncia hecha por migrantes de que habían sido amenazados por un grupo de delincuentes de que quemarían los campamentos.

Los problemas de salud, higiene y seguridad eran los más comunes y, por ello, ocuparon la mayor parte de los esfuerzos de las instituciones de Gobierno. Sucintamente, cabe mencionar las actividades relativas a los temas de albergue, alimentación, salud, higiene, seguridad, asesoría legal y apoyo para traslados. Con respecto al alojamiento, se dispuso de tres albergues para recibir a quienes desearan dejar los campamentos: el CIM-Leona Vicario, del Gobierno federal —originalmente solo para migrantes internacionales retornados por el MPP— se destinó a las personas ubicadas en los puentes Paso del Norte y Libre; el albergue La Última Milla, evangélico, para los del puente Paso del Norte, y la Casa del Migrante para las instaladas en el puente Zaragoza. El traslado a los albergues estaba a cargo de Derechos Humanos del municipio y del Grupo Beta.

El apoyo con alimentos preparados lo hicieron organizaciones y grupos evangélicos en el puente Paso del Norte, por el CIM-Leona Vicario en el puente Libre y por la Casa del Migrante en el puente Zaragoza. Además, grupos o individuos de la sociedad civil llevaban alimentos y realizaban otras actividades solidarias. En las oficinas del Centro de Atención a Migrantes (CAIM) del Gobierno del Estado se recibían donativos de materiales de limpieza (desinfectantes para manos, guantes, bolsas para la basura), así como agua en garrafones, alimentos y ropa. Otros módulos de recepción se instalaron en la UACJ, que canalizó estudiantes que prestaban su servicio social para apoyar las labores humanitarias de las organizaciones de la sociedad civil.

En cuanto a salud, se instalaron unidades médicas móviles en los tres puentes, atendidas por el Seguro Social, la Cruz Roja y el Gobierno del Estado, así como la presencia de ambulancias de la Cruz Roja y del Grupo Beta. Otro módulo de servicios médicos se instaló en el CAIM, donde se podía realizar diversos trámites como el Seguro Popular. En cuanto a la higiene, el Gobierno municipal regularizó el servicio de recolección de basura y la limpieza en las inmediaciones de los campamentos y se colocaron retretes portátiles rentados por un empresario que participaba en la Iniciativa Juárez. El Gobierno municipal también se hizo cargo de la seguridad con rondines diurnos y unidades de la policía durante la noche en cada puente internacional; su oficina de Derechos Humanos recibía los reportes de incidentes o de actos delictivos y les daba seguimiento, y daba el mismo descuento que a los repatriados, del 50 % del costo de transporte a quienes desearan regresar a su lugar de origen.

VI. LA EXPERIENCIA DEL CRUCE A ESTADOS UNIDOS PARA SOLICITAR ASILO

A partir del mes octubre inició el retorno de algunas de las primeras personas en cruzar a Estados Unidos y que habían permanecido en los campamentos a partir del mes de septiembre. Luego de ser rechazas durante su entrevista de miedo creíble y ser repatriadas a México, algunas de ellas regresaban al campamento del que salieron. Allí permanecían unos días mientras esperaban conseguir dinero para regresar a sus lugares de origen o intentar el cruce de manera irregular a Estados Unidos. Este es el caso de una persona cuyo testimonio es muy valioso para apreciar cómo el drama de la violencia de la que huyen continúa durante la experiencia del desplazamiento y permanece a lo largo de los procedimientos que deberán seguir para lograr el asilo en Estados Unidos. Se trata de una persona de sexo masculino de 38 años,[17] originaria del municipio de Buenavista, en Michoacán, que describe las situaciones que experimentó durante los 15 días que estuvo en territorio estadouni-

---

[17] Entrevista realizada el 28 de octubre de 2019. El nombre, fechas y algunos detalles se cambiaron.

dense; estas demuestran la poca probabilidad de lograr el asilo ante requisitos legales difíciles de comprender y costosos, al igual que procedimientos carcelarios de detención rigurosos —una de las múltiples forma de violencia institucional, por las que deben pasar— que impiden siquiera iniciar el proceso formal de solicitud de asilo ante una corte de migración.

Es el caso de Armando (pseudónimo), quien retornó el miércoles 19 de octubre a las 11:00 a.m. en calidad de deportado. Relata que ingresó a Estados Unidos por el puente internacional Paso del Norte, en El Paso, Texas, el día 3 de octubre y que desde el 4 de octubre permaneció en el centro de detención Torrence County Facility 209, en Country Road A049, ubicado en Albuquerque, Nuevo México. El primer día que cruzó a El Paso permaneció en las instalaciones ubicadas en el puente. Allí fue entrevistado, registrado y conducido a tomar fotografías. A las 8:00 a.m. del día siguiente lo llevaron a un lugar cercano, como a media hora de camino, donde fue instalado en un cuarto frío. Después de cuatro horas fue enviado a bañar, le dieron uniforme color verde y luego trasladado a una celda grande con muchos reos. Lo regresaron al cuarto frío y en la noche, como a las 11:00 p.m., lo llevaron a otra sala. Al día siguiente, hacia las 5:00 a.m. lo levantaron a desayunar. Después del desayuno fue esposado de pies y manos, para luego ser subido al camión que lo trasladó a Albuquerque. El camión iba lleno, con aproximadamente 35 migrantes. Todos hombres, mexicanos, brasileños, cubanos y centroamericanos. En Albuquerque les tomaron nuevamente las huellas, los registraron y fotografiaron. Después los introdujeron en una jaula pequeña junto con cerca de 30 sujetos. Allí permanecieron durante tres horas, de pie, apretados, sin poder sentarse. Eran llamados uno por uno, por su nombre, para darles tres cambios de ropa, un par de zapatillas, sandalias de baño y material de higiene bucal. Posteriormente, fue llevado a la celda donde permanecería hasta su regreso a México, la celda 2A.

La rutina diaria consistía en levantarse entre las 5:00 y 6:00 a.m. Luego de bañarse, desayunaban. Las comidas tenían los siguientes horarios: el desayuno se servía, aproximadamente, a las 6:00 a.m., el almuerzo a las 12:00 p.m. y la cena a las 5:30 p.m. La comida era mala, poca y sin sal. Consistía en carne de hamburguesa, un poco de huevo revuelto, zanahoria picada, avena o maíz molido sin azúcar. Siempre la misma, aunque solo una vez les dieron pizza porque se portaron bien: mantuvieron limpia la celda. Así se los dijeron. Entre el desayuno y el almuerzo, hacia las 7:00 u 8:00 a.m., pasaban lista y después les permitían salir al patio por un lapso de hora u hora y media, allí había instalaciones y pelotas de voleibol y futbol. Pero pocos salían, porque hacía mucho frío y aunque adentro tenían prendido el clima todo el día, se estaba mejor.

La responsable de la celda, una mujer encargada de tomar lista, verificar números de cama, cuidar el orden de la celda, era agresiva, impositiva. A unos compañeros, en una ocasión, durante la comida, les retiró el café y lo tiró a la basura porque no le respondieron rápido a algo que preguntó en inglés. Aunque parecía que ella hablaba español, siempre les hablaba en inglés. A él también le tiró el café en una ocasión. En la noche a veces ingresaba gritando y los despertaba. Esto ocurría cuando era necesario hablarle a uno de los que estaban en la celda; pero ella siempre gritaba, a diferencia de otros guardias que a veces ingresaban en silencio, procurando no despertarlos. Hubo un día en que lo hizo cada treinta o cuarenta minutos durante toda la noche. Por esa razón cada uno de los diez compañeros de celda presentó su queja en el buzón. El director habló con ellos y dijo que corregiría esa situación, porque los empleados del centro estaban para tratarnos bien. Sin embargo, las cosas poco cambiaron en el tiempo que estuvo. A diferencia de la responsable de la celda, recuerda que el trato del médico y los enfermeros era amable durante las revisiones médicas. Cuando él fue revisado le diagnosticaron insuficiencia renal.

El día 10 de octubre tuvo la entrevista de miedo creíble. Fue llevado a oficina con una persona sola y una intérprete para tener la entrevista por teléfono. Le preguntaron por qué estaba en EE. UU. pidiendo asilo, ya que si era por protección no era necesario, pues en Ciudad Juárez estaba seguro. Le preguntaron qué paso en su caso. Él respondió que huyó de su poblado porque el crimen organizado, el Cártel Jalisco Nueva Generación, se llevó a su hermano para reclutarlo obligatoriamente y a él lo amenazaron con que después regresarían para llevarlo con ellos. Le preguntaron por qué no se lo llevaron él. Respondió que no sabía. Le preguntaron si había ingresado a EE. UU. solo y respondió afirmativamente, porque sus dos hijas estaban con la mamá. Luego le informaron que si no había una bala dirigida a su persona no podían darle asilo, a lo que replicó que entonces para tener asilo casi se necesitaba que mataran a la persona, lo que no le parecía justo. Por último, le preguntaron si tenía miedo a regresar a México y dijo que sí, que no querían ser regresado al terror del cártel. Al concluir la entrevista, le dijeron que esperara la respuesta, para ver qué podían hacer por él. Esa respuesta llegó entre seis y siete días después. Le informaron que no había pasado la prueba de miedo creíble, porque si no lo perseguía el crimen organizado no debía tener miedo.

Posteriormente, le dijeron que podía apelar y preguntaron si tenía o quería un abogado. Esto le costaría aproximadamente 8000 o 9000 dólares, los cuales podría obtener en préstamo y pagarlo una vez que saliera del centro de detención. Si lo contrataba, el abogado presentaría su solicitud de asilo ante una corte, lo cual implicaría pasar un lapso entre uno y ocho meses detenido, hasta que su solicitud de asilo fuera aceptada por una corte. Después de ello, él podría salir y tener un permiso de trabajo hasta que la corte resolviera su caso de asilo. Sin embargo, le advirtieron que no era seguro conseguir el asilo, pues la probabilidad de ganar el caso realmente era muy baja. Por esa razón, al concluir la entrevista Armando decidió solicitar la deportación voluntaria. Luego de retornar a México, habló con sus familiares para pedirles dinero para el transporte. Su único deseo es regresar lo más pronto posible porque está cansado. Quiere regresar a su lugar de origen, en donde afirma «todos dicen que acá en Ciudad Juárez están aceptando a los que piden asilo en EE. UU.».

VII. CONCLUSIONES

La instalación de los campamentos de DFI en Ciudad Juárez fue un llamado de atención a los actores sociales y gubernamentales que desde meses atrás se dieron a la tarea de dar ayuda humanitaria a los migrantes internacionales solicitantes de asilo que llegaban a la ciudad. Su presencia en la ciudad motiva varias preguntas para orientar posteriores análisis sobre este tema desde el ámbito local, ya que las víctimas de DFI continuarán arribando a la ciudad mientras las condiciones de inseguridad continúen en el país.

Los campamentos fueron una forma de acción colectiva que, con independencia de que haya sido espontánea o inducida por grupos dedicados al tráfico de personas, planteó objetivos con implicaciones políticas: hacerse visibles ante las autoridades norteamericanas y mostrar a la opinión pública la violencia que los expulsa de sus lugares de origen. En tanto acción colectiva, la experiencia de los campamentos exige tener presente la dimensión política de los flujos migratorios hacia la frontera para conocer qué formas organizativas, demandas y expresiones discursivas se están desarrollando.

Se constata la escasa visibilidad del fenómeno del DFI en Ciudad Juárez, que salvo los cuatro meses en que duraron instalados los campamentos, ha sido un tema poco abordado por medios de comunicación y por los actores locales. Sin embargo, después de ese breve lapso, el flujo de mexicanos por esta ciudad en ruta a Estados Unidos parece diluirse nuevamente en el anonimato. Por ello, cabe preguntar qué está pasando actualmente con ellos, cómo están cruzando, qué ocurre una vez que logran ingresar y solicitan asilo y cómo retornan a México por esta ciudad u otros lugares.

Finalmente, el desconocimiento de la mayoría de los actores sociales y gubernamentales locales sobre el tema del DFI —

salvo las organizaciones de derechos humanos que estuvieron presentes— originó diversas dudas sobre la manera en que podían relacionarse con los connacionales instalados en los puentes. Esta deficiencia impele a preguntar qué cursos de acción pueden emprenderse desde el nivel local en torno a este fenómeno y qué medidas específicas impulsar para darles opciones viables e integrales a las personas desplazadas que lleguen a la ciudad o retornen ante la casi imposibilidad de que logren el asilo en Estados Unidos.

VIII. REFERENCIAS

Barrios, María Inés, «Migración por violencia. Dicotomía del desplazamiento interno forzado en Ciudad Juárez», en *Nexos*, 25/03/2020. Obtenido de: https://migracion.nexos.com.mx/2020/03/migracion-por-violencia-dicotomia-del-desplazamiento-interno-forzado-en-ciudad-juarez/

Barrios, María Inés, «De desplazados internos a solicitantes de asilo. La complejidad del fenómeno migratorio por motivos de violencia en Ciudad Juárez, Chihuahua, México», en *Clivajes, Revista de Ciencias Sociales*, enero-junio 2021, año VIII, núm. 15, pp. 104-131. Obtenido de: https://clivajes.uv.mx/index.php/Clivajes/article/view/2693

Ceniceros, Brenda, «Reflexiones del espacio migrante como lugar de memorias: pasos por un monumento fronterizo», en *Procesos Urbanos*, enero-junio, 2022, vol. 9, núm. 1, pp. 1-11. Obtenido de: https://doi.org/10.21892/2422085X.560

Hernández, Ana Gabriela, «¿Ha disminuido la migración de mexicanos hacia Estados Unidos?», en *Nexos*, 4/05/2022. Obtenido de: https://migracion.nexos.com.mx/2022/05/ha-disminuido-la-migracion-de-mexicanos-hacia-estados-unidos/#at_pco=jrcf-1.0&at_si=62d594cee2e22d22&at_ab=per-2&at_pos=0&at_tot=3

Muñoz, Kelly G., «Invisibilización de los desplazados mexicanos, la violencia disfrazada de migración», en Muñoz, Kelly G.; Morales, Josafat & Cuevas, Héctor (coords.), *Manifestaciones políticas desde la movilización y los espacios simbólicos de poder cultural*, Editorial Universidad Santiago de Cali, 2019, pp. 209-232. Obtenido de: https://libros.usc.edu.co/index.php/usc/catalog/view/264/359/5445

Peña, Jesús, «La caravana de migrantes en Ciudad Juárez, 2019. Diagnóstico y propuestas de acción. Reporte». El Colegio de la Frontera

Norte, 2/05/2019. Obtenido de: https://www.researchgate.net/publication/333356648_La_caravana_de_migrantes_en_Ciudad_Juarez_2019_Diagnostico_y_propuestas_de_accion?channel=doi&linkId=5ce8415e458515712ebfbe75&Showfulltext=true

Pérez, Brenda & Castillo, Monserrat, «Huir de la violencia: las víctimas ocultas de la guerra en México», en *Encartes,* vol. 2, núm. 3, 2019, pp. 112-143. Obtenido de: https://www.encartesantropologicos.mx/openj/index.php/encartes/article/view/79

Rodríguez, Óscar, «¿De dónde salieron y a dónde se fueron? Migración interna de regiones de alta violencia en México en las últimas dos décadas», en *Revista EURE–Revista de Estudios Urbano Regionales,* 2022, vol. 48, núm. 144. Obtenido de: https://doi.org/10.7764/EURE.48.144.12

Rodríguez, Óscar, «Invisibilidad de los desplazamientos forzados internos y las migraciones de México en la política migratoria entre México y Estados Unidos», en Masferrer, Claudia & Pedroza, Luici (edits.), *La intersección de la política exterior con la política migratoria en el México de hoy,* El Colegio de México, 2020, pp. 55-63. Obtenido de: https://migdep.colmex.mx/publicaciones/politica-exterior-migratoria-reporte.pdf

Sanchez, Sergio G. & Ravelo, Patricia, «Desplazados en Ciudad Juárez: Trabajo, migración, violencia y resiliencia en México», en Palermo, Hernán & CapogrossI, María, *Tratado latinoamericano de Antropología del Trabajo,* CLACSO, 2020, pp. 473-510. Obtenido de: https://www.jstor.org/stable/j.ctv1gm012v.15#metadata_info_tab_contents.

Schmidt, Samuel & Spector, Carlos, «Asilo político de mexicanos en Estados Unidos. Causas y respuesta», en *Cambios Y Permanencias,* 2018, vol. 9, núm. 1, pp. 100–142. Obtenido de: https://revistas.uis.edu.co/index.php/revistacyp/article/view/8412

Notas hemerográficas en orden cronológico

Juárez, Pablo, «Estado no hará nada, hasta ver si vienen contingentes», en *El Diario,* 11/10/2018. Obtenido de: https://diario.mx/Local/2018-11-01_c21f2baf/estado-no-hara-nada-hasta-ver-si-vienen-contingentes-/.

Rosas, J., «Dispone Iglesia de mil lugares para inmigrantes», en *El mexicano,* 29/10/2018. Obtenido de: https://www.periodicoelmexicano.com.mx › local › dispone-iglesia-de-mil-.

Martínez, Herika, «Revelan perfil del migrante en Juárez, Ciudad Juárez», en *El Diario,* 13/04/2019, p. A-2.

Martínez, Herika, «Llega a Juárez caravana de 800 cubanos. Habían permanecido varados en Chiapas durante más de un mes», en *El Diario.*

Obtenido de: https://diario.mx/juarez/llega-a-juarez-caravana-de-800-cubanos-20190417-1503909/.

Cano, Arturo, «Por su historia, en Ciudad Juárez son aisladas las diatribas anti migrantes», en *La Jornada,* 28/04/2019. Obtenido de: https://www.jornada.com.mx/ultimas/especiales/migrantes-en-mexico#3

González, Iris, «No queremos más migrantes: Coparmex. Hay descontrol de gobiernos; son demasiados y no los podemos atender, dicen empresarios», en *El Diario de Juárez,* 30/04/2019. Obtenido de: https://diario.mx/juarez/no-queremos-mas-migrantes-coparmex-20190429-1509162/.

Martínez, Herika, «Huyen de violencia mayoría de mexicanos desplazados», en *El Diario,* 07/08/2019, p. A-12.

Martínez, Herika, «Arriban ahora más paisanos en busca del sueño americano», en El *Diario,* 24/08/2019, p. A-3.

Martínez, Herika, «Esperan 230 mexicanos en puente del centro», en *El Diario,* 14/09/2019, p. A-3.

Gallegos, Rocío, «Desplazados de zonas violentas huyen de México por Ciudad Juárez», en *Inter Press Service,* 25/09/2019. Obtenido de: http://www.ipsnoticias.net/2019/09/desplazados-zonas-violentas-huyen-mexico-ciudad-juarez/

Martínez, Herika, «Mexicanos desplazados superan ya a extranjeros», en El *Diario,* 16/10/2019, p. A-3.

Gallegos, Rocío, «Desplazados, la larga espera para huir de México», en *La verdad,* 19/10/2019. Obtenido de: https://laverdadjuarez.com/index.php/2019/10/19/desplazados-la-larga-espera-para-huir-de-mexico/

Villalpando, Rubén, «Evalúa ACNUR situación de desplazados en Ciudad Juárez», en *La Jornada,* 26/10/2019, p. 15.

Televisa, «Mexicanos acampan en Ciudad Juárez en espera de asilo en Estados Unidos». *Televisa News,* 14/10/2019. Obtenido de: https://noticieros.televisa.com/ultimas-noticias/migrantes-mexicanos-ciudad-juarez-asilo-estados-unidos/

Martínez, Herika, «Huyen del terror», en *El Diario,* 20/10/2019, p. A-3

Martínez, Herika, 26/10/26 «Dañan connacionales arboles de El Chamizal», en *El Diario,* p. A-2.

Macías, Adrián, «Convencen migrantes a sus familias de ir a albergues», en *Net noticas,* 12/11/2019.

Vargas, Alejandro, «Presentan infecciones respiratorias», en *El Diario,* 20/10/2019, p. A-3.

Macías, Adrián, «Piden migrantes ropa, cobijas y colchonetas; se les mojaron con la lluvia», en *Net noticias,* 28/11/2019.

Villalpando, Rubén, «Con problemas de salud cientos de mexicanos desplazados que acampan en la frontera norte», en *La Jornada, 07/12/2*019.

Martínez, Herika, «Huyeron por violencia 9 de cada 10 migrantes», en *El Diario, 13/12/2*019, p. A-3.

Gamboa, P., «Están embarazadas 5% de las migrantes en Juárez», en *El Heraldo de Chihuahua,* 16/12/2019, sección local, p. 1.

Coria, Carlos, «Sufren migrantes de clima gélido en Ciudad Juárez», en *Excélsior,* 8/12/2019, Obtenido en: https://www.excelsior.com.mx/nacional/sufren-migrantes-de-clima-gelido-en-ciudad-Juarez/1353941

Martínez, Herika, 17/12/2019, «Vienen migrantes de 9 municipios violentos», en *El Diario,* P. A7

El Diario, «Denuncian migrantes supuestas amenazas», en *El Diario,* 20/12/2019, p. A-3.

NET NOTICIAS, «Por brote de varicela, refuerzan asistencia médica en albergue», en *Net Noticias,* 28/12/2019.

Villalpando, Rubén, «Desalojan a desplazados por la violencia en Juárez», en *La Jornada,* 8/01/2020. Obtenido de: https://www.jornada.com.mx/ultimas/estados/2020/01/08/desalojan-a-Desplazados-Por-La-Violencia-De-Puentes-En-Juarez-3294.Html

Macías, Adrián, «Niega alcalde presión a migrantes mexicanos para retirarse de puentes», en *Net noticias,* 08/01/2020.

Desplazamiento forzado interno en Nuevo León

FRANCISCO DE JESÚS CEPEDA RINCÓN[1]
GUADALUPE FRINÉ LUCHO GONZÁLEZ[2]

I. INTRODUCCIÓN

A pesar de que el término *desplazamiento forzado interno* (DFI) es cada vez más frecuente en la literatura y han aumentado en los últimos años los estudios que tienen como preocupación a este fenómeno de movilidad humana, no fue hasta 2019 con el reconocimiento del Estado mexicano de su existencia dentro de sus fronteras que comenzaron a gestarse cambios jurídicos y a nivel de políticas públicas para coadyuvar en la resolución de este fenómeno. Los retos son muchos y tal como lo refiere la Coordinación de Política Migratoria/Unidad de Política Migratoria, gran parte de los retos derivan en que no se cuentan con los recursos materiales y humanos para abordar los eventos de desplazamiento que se presentan en México.

---

1 Licenciado en Filosofía y Humanidades. Maestro en Ciencias Políticas y doctor en Derecho con orientación en Derecho Constitucional y Gobernabilidad por la Universidad Autónoma de Nuevo León. Es miembro del SNI nivel I. Actualmente se desempeña como docente en la Facultad de Derecho y Criminología de la UANL y como director de investigación en Paso de Esperanza A.C.

2 Licenciada en Filosofía y Humanidades. Maestra en Ciencias Políticas y doctora en Derecho Constitucional y Gobernabilidad por la Universidad Autónoma de Nuevo León. Es miembro del SNI nivel I. Actualmente se desempeña como docente en la Facultad de Derecho y Criminología de la UANL y es coordinadora del Centro de Investigaciones Jurídicas Martínez Arrieta.

Es entonces necesario comprender que, en el amplio espectro de los fenómenos de movilidad humana, el desplazamiento forzado interno, a diferencia de otros fenómenos migratorios, tiene características que lo posicionan como fenómeno aparte, y que esta misma caracterización dificultan su estudio y seguimiento, ya que, en el mismo, una de las principales características es que no existe el cruce de fronteras internacionales.

No fue hasta el censo del 2020 en donde el INEGI comenzó a realizar preguntas acerca del motivo de movilización de personas entre estados federativos y, entre las respuestas, se sumó la variable de la violencia; pese a ello, sigue sin existir un instrumento oficial que contenga los datos cuantitativos de las personas desplazadas en el país, ya que «usualmente no están diseñados para identificar el DFI y, dado que se realizan en hogares, podrían dejar por fuera a personas sin hogar; además, los censos suelen recoger información a nivel de hogar y, dado que son instrumentos muy amplios, la profundidad que pueden alcanzar en un tema específico es limitada».[3]

En 2022 han comenzado a surgir estudios sobre el fenómeno del DFI sobre todo en Ciudad Juárez a raíz de la llegada de miles de mexicanos a los refugios establecidos en esta ciudad fronteriza, mismos que arriban buscando asilo en EE. UU.; no obstante, a pesar de dicha situación, siguen sin existir cifras oficiales del Gobierno mexicano que permitan conocer la magnitud del fenómeno, por lo que, aquello que se conoce del DFI, actualmente tiene como fuentes principales, por una parte, a los esfuerzos provenientes de la academia y de las distintas asociaciones nacionales

---

[3] Coordinación de Política Migratoria y de la Dirección de Evaluación de Políticas para el Control de la Movilidad Humana, de la Unidad de Política Migratoria, Registro e Identidad de Personas de la Secretaría de Gobernación, de JIPS y de la Comisión Mexicana de Defensa y Promoción de los Derechos Humanos, *Elementos mínimos para la realización de ejercicios de caracterización de situaciones de desplazamiento forzado interno.* Obtenido de: https://portales.segob.gob.mx/work/models/PoliticaMigratoria/CPM/DFI/biblioteca/bd/89.pdf

e internacionales que atienden los fenómenos migratorios en el país, y por otra parte, a los medios de comunicación que, a través de algunos reportajes, ilustran las difíciles y variadas realidades que padecen cotidianamente comunidades enteras a lo largo de país.

Aunado a lo anterior, sigue existiendo una omisión legislativa en cuanto a una Ley Federal sobre desplazamiento forzado interno en el Estado mexicano y, hasta la fecha, solo tres entidades tienen leyes locales abocadas al tema; en otros lugares, la aparición jurídica de las personas desplazadas se limita a la aparición esporádica en alguna ley sobre protección de víctimas, de manera muy somera.

Partiendo de lo anteriormente señalado, en este trabajo se abordan dos objetivos: el primero es la discusión sobre el término *desplazamiento forzado interno* que se maneja de manera tradicional en la literatura y que, tomando en cuenta las causas del fenómeno, en la actualidad no alcanza a explicar con totalidad el fenómeno; el segundo objetivo es caracterizar el fenómeno ocurrido en torno al DFI en Nuevo León, no ya como una comunidad expulsora, sino como lugar de destino de personas migrantes y desplazadas, destino con características históricas que se ha consolidado en la actualidad dentro del imaginario social como una tierra de oportunidades y que representa un destino considerado como deseable para muchas personas forzadas a movilizarse de sus lugares de origen.

II. DISCUSIÓN DEL TÉRMINO DESPLAZAMIENTO FORZADO INTERNO

A partir del año 2019 y con el reconocimiento del DFI por parte del Gobierno mexicano se ha extendido la definición del fenómeno como:

> la movilización de grupos de personas que se han visto forzadas u obligadas a escapar o huir de su hogar o de su lugar de residencia habitual, en particular como resultado o para evitar los efectos de un conflicto armado, de situaciones de violencia generalizada, de

> violaciones de los derechos humanos o de catástrofes naturales o provocadas por el ser humano. La omisión por parte del Estado para atender estas problemáticas se considera una violación al derecho a la libertad de circulación y residencia (Principios rectores de los desplazamientos internos).[4]

Como se mencionó anteriormente, una de las características del DFI como fenómeno de movilidad humana es que en el mismo no existe el cruce de fronteras estatales internacionalmente reconocidas,[5] es decir, se trata de un fenómeno de movilidad humana entre las fronteras de los países y debido a la lógica que impera en el seguimiento de los flujos migratorios en torno a la nacionalidad se hace muy complicado su seguimiento en la esfera local.

En México se reconocen como causales del DFI:

- Castigo colectivo de una población como resultado del incumplimiento de reglas que se desprenden de usos y costumbres.
- Conflictos agrarios.
- Conflictos armados.
- Conflictos comunales.
- Conflictos de propiedad.
- Desastres asociados a fenómenos naturales, provocados por el ser humano o por el cambio climático.
- Prácticas de segregación motivadas por razones culturales, sociales, políticas, étnicas, religiosas, raciales, de discapacidades o referentes a la orientación sexual, la identidad y expresión de género, de la población afectada.

---

4 INEGI, *Catálogo de hechos violatorios de la Recopilación de Información de los Organismos Públicos de protección y defensa de los Derechos Humanos en México (RIOPDH),* 2016. Obtenido de: https://www.inegi.org.mx/contenidos/programas/dh/doc/catalogo_dh_16.pdf

5 *Ibidem.*

- Proyectos de desarrollo a gran escala.
- Violaciones de derechos humanos.
- Violencia sexual y de género.
- Violencia contra la libertad de expresión y el derecho a la información.
- Otros tipos de violencia.[6]

Como podemos observar en las causales del DFI, encontramos que un punto medular es la violación de derechos humanos, y aunque en México encontramos grandes avances a nivel doméstico en torno a las legislaciones que los buscan proteger, respetar y garantizar, las condiciones materiales de los mismos no corresponden a ello, pues se encuentran lejos de ser efectivamente materializados de una manera eficaz y eficiente, por lo que existen grandes brechas de desigualdad que aumentan y se agravan con la progresiva falta de acceso a los mínimos de estos derechos.

Dentro de las brechas que se mencionan anteriormente en materia de acceso a los derechos humanos, encontramos algunos ejemplos, tal como las siguientes situaciones: la falta de educación, el desconocimiento de derechos, la falta de infraestructura, los lugares de origen que, por su ubicación y su densidad poblacional, no representan un interés real de las autoridades, la negligencia de los servidores públicos, población no empoderada, etcétera.

Algunas personas consideran que estas brechas son directamente consecuencia del lugar de origen o del lugar donde residen, por lo que establecen como solución más factible el cambiar su residencia a un lugar mejor; no obstante, esta decisión que en apariencia resulta voluntaria, no es más que la generación

---

6 Gobierno de México, *¿Qué es el Desplazamiento Forzado Interno (DFI)?* Obtenido de: https://portales.segob.gob.mx/es/PoliticaMigratoria/DFI#:~:text=El%20desplazamiento%20forzado%20interno%20afecta,hogares%2C%20pertenencias%20y%20actividades%20cotidianas.

de un nuevo desplazado forzado, ya que las propias condiciones del lugar de origen, que impiden estructuralmente su acceso a los derechos humanos, incentivan como aspiración romántica la búsqueda de un lugar mejor, y no de que es víctima de las violencias estructurales que se desenvuelven de forma silenciosa hasta asfixiar o expulsar.

Con lo anterior se logra que las causales establecidas para el DFI se entretejan y que la categorización de los episodios de desplazamiento forzado interno, masivos o no, tengan la dificultad de establecerse por las propias causales tan variables entre los casos que pueden existir, y es que si se analiza con detenimiento por ejemplo el Informe 2021 sobre Episodios de Desplazamiento Interno Forzado Masivo en México, las notas metodológicas de la recogida de información hacen referencia a episodios tan relevantes al ojo público que son cubiertos por los medios de comunicación y se deja invisibilizado el fenómeno del DFI cuando no se da a nivel de opinión pública.[7]

III. NUEVO LEÓN COMO LA TIERRA DEL SUEÑO REGIO

Históricamente se ha vinculado al estado de Nuevo León, en específico al área metropolitana de Monterrey (AMM), con los flujos migratorios, en ese sentido, antes de 2019 existían dos tendencias marcadas: la primera referente a la migración internacional en la cual se consideraba a la AMM como una zona de paso en el flujo migratorio de aquellas personas migrantes que buscaban llegar a la frontera con EE. UU., y en cuanto a migración interna, Nuevo León era considerado un lugar expulsor de migrantes, con el mismo destino que los anteriores, pero también como un fuerte receptor de personas provenientes de otros estados, este último fenómeno se explica desde la participación de los migrantes en el mercado laboral, acceso a la educación y

---

7 CMDPDH, *Episodios de desplazamiento interno forzado masivo en México. Informe 2021.*

a un aumento en los ingresos en comparación con sus lugares de origen.[8]

A partir del 2019, el flujo migratorio en Nuevo León cambia y la ciudad comenzó a ser vista como un lugar de destino, configurando con ello una nueva dinámica poblacional en la cual las personas migrantes internacionales no buscan solo atravesar Nuevo León, sino asentarse en el mismo, mientras que en lo concerniente a la dinámica poblacional de migrantes nacionales, este estado sigue siendo un fuerte expulsor de migrantes, pero al mismo tiempo recibe cada vez más población desplazada en su territorio, incluso de estados alejados y que tradicionalmente no elegían a Nuevo León como destino, hecho que lo ha colocado en el lugar número tres en cuanto a recepción de migrantes a nivel nacional.[9]

Por lo anterior, Nuevo León se ha reafirmado como un lugar en el cual migrantes internacionales y desplazados forzados internos consideran destino, cuestión alimentada por el hecho histórico de que en Nuevo León la migración y la movilidad han estado históricamente relacionadas, ya que «bajo ciertas condiciones los migrantes compiten exitosamente con los nativos, y en la mayoría de los casos experimentan cierto ascenso social en relación con los que no migran».[10]

Sueño regio[11] es el constructo a través del cual se hace referencia a Nuevo León y, en específico, la AMM como comunidad receptora deseable para quien busque mejorar su calidad de vida y la de su familia, materializar sus derechos humanos e, incluso, lograr cierta movilidad social.

---

8 Cfr. Bedoya Rangel, Yuliet *et al.* «Inmigrantes en Nuevo León, México: historias de vida y trayectorias laborales» en Huellas de la Migración vol. 3 núm. 5, enero-junio, 2018.

9 INEGI, *Movimientos migratorios, Nuevo León.* Obtenido de: https://cuentame.inegi.org.mx/monografias/informacion/nl/poblacion/m_migratorios.aspx?tema=me&e=19

10 Bedoya Rangel, Yuliet *et al.*, *Op. Cit.*, p. 152.

11 Para mayor información sobre el término consultar *Migrantes, refugiados y Derechos Humanos. Tomo II.*

Así, es posible afirmar que en la actualidad existe una estructura dialógica en cuanto a lo que representa el sueño regio, en el cual migrantes internacionales o desplazados forzados internos y la comunidad receptora compuesta por ciudadanos de calle, instituciones y actores privados concuerdan en que Nuevo León es una tierra de oportunidades y que se sintetiza en la frase, ahora oficial: «Nuevo León tiene todo para seguir siendo el mejor lugar para nacer, crecer, educarse y vivir».[12]

El imaginario que se encuentra detrás del constructo del *sueño regio* se ha convertido en una meta a cumplir por parte de quienes deciden establecerse en el estado, ya sean migrantes internacionales o desplazados forzados, que ven a fin de cuentas a Nuevo León como una tierra de oportunidades en la cual pueden desarrollarse, sin considerar que, en el fondo, siguen radicando profundas desigualdades que no siempre pueden ser visibles para quienes se encuentran soñando.

IV. DESPLAZAMIENTO FORZADO INTERNO A NUEVO LEÓN

Como mencionamos anteriormente, históricamente el estado de Nuevo León se ha caracterizado por tener volúmenes altos de personas que migran hacia y desde el estado, lo cual ha generado cierta normalización de los fenómenos migratorios, pues tienden a pasar desapercibidos. Pero esta forma de percibir cambió con el fenómeno de las caravanas migrantes, que llegaron al estado con gran cantidad de personas y muchas de ellas de nacionalidad haitiana, cuyos rasgos físicos se diferen-

---

[12] El 12 de octubre del año 2021, el Gobierno del Estado de Nuevo León lanzó la iniciativa «Nuevo León, el mejor para nacer, crecer, educarse y vivir», política pública destinada a la primera infancia en Nuevo León, pero cuyo discurso ha permeado en otros espacios, incluyendo aquellos en los cuales se abordan los fenómenos de movilidad humana.

cian, evidentemente, con respecto a la mayoría de la población, lo cual ayudó a visibilizar aún más el asunto.

Dado que la entidad durante décadas se ha nutrido de personas que migran de otros estados, el fenómeno de desplazamiento forzado interno hacia Nuevo León ha sido, hasta hace muy poco tiempo, identificado como tal y se debe tener claro que solo a través del reconocimiento oficial por parte del Estado mexicano del fenómeno del DFI se ha comenzado a prestar más atención a los flujos migratorios en un afán de comenzar a diferenciar quién ha sido desplazado y quién dejó su lugar de origen bajo una causa distinta a las reconocidas en la conceptualización del DFI.

Durante la guerra contra el narcotráfico, las tendencias en los flujos migratorios internacionales e internos eran principalmente dos. La primera consistía en considerar a Nuevo León como ciudad de paso y, la segunda, en salir de Nuevo León como desplazado interno por la inseguridad y la violencia que existía en la entidad en ese momento. Respecto a ello, Ibarra Montero refiere que la caracterización de las personas desplazadas desde 2008 a 2014 en la AMM corresponde a personas de clase media alta, con los recursos necesarios para movilizarse al centro del país o EE. UU. de manera regular.[13]

Los pocos datos oficiales recogidos por el INEGI arrojan que ahora en Nuevo León existe una prevalencia de migración interna, ya que entre los años de 2015 y 2020 se establecieron en el estado 277 369 personas procedentes de otras entidades federativas, y si bien sigue existiendo la expulsión de migrantes a otros estados o países, la tasa de personas que llegan a establecerse en esta entidad es significativamente superior, esto deriva de que «al tener una posición estratégica al norte del país y al sur de los Estados Unidos, este permite que naciones

13 Cfr. Ibarra Montero, Carlos Emilio, «De la inseguridad a la incertidumbre: el desplazamiento forzado interno en el noroeste de México», en *Trabajo Social N.° 16,* enero-diciembre, 2014.

como Alemania, Corea, China y Argentina inviertan en la entidad, facilitando el desarrollo de infraestructura productiva»,[14] haciendo con ello que Nuevo León, y en particular la AMM, sea considerada un lugar óptimo para ser elegido como lugar de destino.

Los estados de donde provienen con más asiduidad las personas desplazadas forzadas internas son Michoacán, Sinaloa, Veracruz, Guerrero y Chiapas. Dentro de las razones que más se repiten como detonantes del desplazamiento están: 1) la violencia generalizada o vinculada a los grupos criminales en su lugar de origen; 2) las violencias estructurales que derivan en violaciones continuadas a sus derechos humanos.

Con respecto a la última categoría mencionada desde el punto de vista de la categorización de detonantes es la más complicada, por ejemplo, muchas de las personas son desplazadas por violencias estructurales que bien podrían calificar a la persona más como un migrante económico, al no tener en cuenta el macro contexto en donde se encuentran insertos como los macroproyectos en sus lugares de origen.

Ambas categorías se alimentan entre sí: la población desplazada pudo haber soportado durante un tiempo prolongado violencias estructurales, pero un hecho violento puede iniciar el proceso de desplazamiento. Esta relación entre las situaciones complica analizar motivaciones profundas, pues se toma en cuenta el hecho detonante. Esto último es necesario analizarlo fundamentalmente porque el combate a los hechos detonantes no terminará por dar las condiciones suficientes en sus lugares de origen que les permitan retornar, ya que «una de las principales características del desplazamiento interno forzado es que las personas no regre-

---

14 Revista Fortuna, *Nuevo León es el Nuevo centro de desarrollo y de captación de remesas para los migrantes*. Obtenido de: https://revistafortuna.com.mx/2022/07/25/nuevo-leon-es-el-nuevo-centro-de-desarrollo-y-de-captacion-de-remesas-para-los-migrantes/

san a sus lugares de residencia habitual mientras no desaparezcan los motivos por los cuales huyeron».[15]

Más allá de los detonantes de desplazamiento forzado interno encontramos que las personas que han sido desplazadas atraviesan por un proceso en el cual las formas identitarias toman una gran relevancia, en tanto que se siente desarraigados, sentimiento que gran parte de las veces permea en su inclusión en el tejido social de las comunidades receptoras, puesto que no se sienten parte de las mismas y permanece la añoranza por el lugar de origen.

V. DESARRAIGO EN LA TIERRA PROMETIDA

Una de las características en común de las personas DFI se encuentra en el desarraigo, entendido como una construcción subjetiva y comunal de personas que buscan su lugar en una tierra que no les pertenece, en tanto que como migrantes forzados han tenido que abandonar sus vivencias en el tiempo, su historia y memoria, así como el espacio físico en el que los mismos las identificaban. Podemos entonces definir el desarraigo como lo contrario a la pertenencia, comprendiéndose como:

> la falta de interés o lazos con el entorno en que se vive, un sentimiento de no-pertenencia con la sociedad en la que se encuentra uno. Es sentir que se está en un lugar, pero que no se pertenece a él, y por consiguiente a ningún lado. En definitiva, todo se reduce a una cuestión entre el individuo y la sociedad; es decir, el círculo que rodea al sujeto y la micro-sociedad en la que se desenvuelve

---

15 Barrios de la O, María Inés, «Migración por violencia. Dicotomía del desplazamiento interno forzado en Ciudad Juárez», en *Nexos*, 2020. Obtenido de: https://migracion.nexos.com.mx/2020/03/migracion-por-violencia-dicotomia-del-desplazamiento-interno-forzado-en-ciudad-juarez/

es lo que condiciona la forma en que el individuo percibe la realidad y cómo la asume.[16]

Como categoría transversal, el desarraigo se presenta en todas las etapas del proceso migratorio y se configura a partir de todo aquello que han tenido que dejar atrás las personas al verse obligadas a desplazarse de su lugar de origen. Representa también una búsqueda en la comunidad receptora de quien puede llegar a ser, dejando de lado en la configuración identitaria que tenía hasta ese momento el papel de un territorio que ya no le es propio y que se relaciona fuertemente entre lo imaginario y la ideología.

En el caso de las personas que consideran a Nuevo León como lugar de destino, la cuestión del desarraigo se alimenta de la propia ideología e imaginario proveniente del sueño regio, ya que si una persona es obligada a dejar su lugar de origen y en el proceso migratorio decide asentarse en una comunidad receptora en la cual impera el discurso de que es el mejor lugar para vivir, se genera un choque particular al descubrir que la sensación de desplazamiento y desarraigo se perpetúa pese al discurso e, incluso, pese a las oportunidades fácticas que se encuentren en la comunidad receptora.

El caso de los desplazados forzados en Nuevo León se da en ese mismo sentido, se sienten desarraigados y existe una búsqueda de qué o quiénes pueden ser en esta comunidad receptora, de tal manera que es común que en la población desplazada exista constantemente un afán de conservar parte de la cuestión identitaria vinculada a su lugar de origen, por lo que buscan expresar parte de su cultura a través de la gastronomía o de expresiones que conserven la esencia de lo perdido.

---

16 Garizurieta Bernabe, Jessica, «La exclusión, desigualdad y desarraigo desde la experiencia de los estudiantes de la Universidad Veracruzana, región Xalapa», en *IE Revista de Investigación Educativa de la REDIECH*, 2021, p. 8.

VI. CONCLUSIONES

Una de las grandes dificultades vinculadas al estudio del DFI en estados no fronterizos, en los cuales el fenómeno se ha hecho patente en los albergues, estriba principalmente en que, al tratarse de personas de nacionalidad mexicana que han migrado de su lugar de origen, las razones pueden permanecer invisibilizadas, en parte porque muchas de estas personas huyen de grupos criminales y violencias vinculadas a los mismos y prefieren permanecer en el anonimato a fin de que quienes los amenazaron puedan localizarlos y, por otra parte, porque la conceptualización clásica del DFI en México deja fuera distintas causales que actualmente obligan a las personas a desplazarse.

Por consideramos que se debe tomar en cuenta el desarraigo como un elemento clave que permita abonar al concepto de desplazamiento forzado interno a fin de que aquellas personas que están desarraigadas también puedan acceder a la categorización de víctimas y, con ello, se permita una protección más amplia y específica de sus derechos en sus comunidades receptoras, para que, con ello, se obligue también a las autoridades a tomar medidas que les permitan regresar a sus lugares de origen, puesto que gran parte de las personas desplazadas quisieran hacerlo.

Con respecto al DFI en el estado de Nuevo León hacen falta mayores estudios que permitan conocer con mayor claridad las características de las personas desplazadas internas que requieren de protección en la entidad, ya que son escasos los datos que existen al respecto y pocas las veces que se han reconocido a las personas desplazadas forzadas internas como tal, cuestión que impide que se apliquen las disposiciones del derecho humanitario y la protección amplia de sus derechos humanos.

En cuanto al desarraigo, se deben plantear alternativas de orden identitario y cultural que permitan que las personas desplazadas puedan encontrar en las comunidades receptoras su lugar, pero que se les permita también conservar la cuestión identitaria y sus expresiones con el fin de que la inclusión en los tejidos sociales les resulte más sencilla y se pueda contribuir a través de expresiones multiculturales en las comunidades receptoras.

VII. REFERENCIAS

Barrios de la O, María Inés, «Migración por violencia. Dicotomía del desplazamiento interno forzado en Ciudad Juárez», en Nexos, 2020. Obtenido de: https://migracion.nexos.com.mx/2020/03/migracion-por-violencia-dicotomia-del-desplazamiento-interno-forzado-en-ciudad-juarez/

Bedoya Rangel, Yuliet et al., «Inmigrantes en Nuevo León, México: historias de vida y trayectorias laborales», en Huellas de la Migración, vol. 3 núm. 5, enero-junio, 2018.

Coordinación de Política Migratoria y de la Dirección de Evaluación de Políticas para el Control de la Movilidad Humana, de la Unidad de Política Migratoria, Registro e Identidad de Personas de la Secretaría de Gobernación, de JIPS y de la Comisión Mexicana de Defensa y Promoción de los Derechos Humanos, Elementos mínimos para la realización de ejercicios de caracterización de situaciones de desplazamiento forzado interno. Obtenido de: https://portales.segob.gob.mx/work/models/PoliticaMigratoria/CPM/DFI/biblioteca/bd/89.pdf

CMDPDH, Episodios de desplazamiento interno forzado masivo en México. Informe 2021.

Garizurieta Bernabe, Jessica, «La exclusión, desigualdad y desarraigo desde la experiencia de los estudiantes de la Universidad Veracruzana, región Xalapa», en IE Revista de Investigación Educativa de la REDIECH, 2021.

Gobierno de México, ¿Qué es el Desplazamiento Forzado Interno (DFI)? Obtenido de: https://portales.segob.gob.mx/es/PoliticaMigratoria/DFI#:~:text=El%20desplazamiento%20forzado%20interno%20afecta,hogares%2C%20pertenencias%20y%20actividades%20cotidianas.

Ibarra Montero, Carlos Emilio, «De la inseguridad a la incertidumbre: el desplazamiento forzado interno en el noroeste de México», en Trabajo Social N.° 16, enero-diciembre, 2014, pp. 33-46.

INEGI, Catálogo de hechos violatorios de la Recopilación de Información de los Organismos Públicos de protección y defensa de los Derechos Humanos en México (RIOPDH), 2016. Obtenido de: https://www.inegi.org.mx/contenidos/programas/dh/doc/catalogo_dh_16.pdf

INEGI, Movimientos migratorios, Nuevo León. Obtenido de: https://cuentame.inegi.org.mx/monografias/informacion/nl/poblacion/m_migratorios.aspx?tema=me&e=19

Revista Fortuna, Nuevo León es el Nuevo centro de desarrollo y de captación de remesas para los migrantes. Obtenido de: https://revistafortuna.com.mx/2022/07/25/nuevo-leon-es-el-nuevo-centro-de-desarrollo-y-de-captacion-de-remesas-para-los-migrantes/